〈 햇살콩 말씀 365 〉

"너와 함께하는
하루하루가 기쁨이란다!"

햇살콩 김나단 × 김연선

규장

하나님의 말씀이
당신의 삶을 이끄시길 소망하며,
_____ 님께
사랑의 마음을 담아 드립니다.

12.31
December

눈물을 흘리며 씨를 뿌리는 자는
기쁨으로 거두리로다

시편 126:5

MEMO

주의 말씀은 내 발에 등이요
내 길에 빛이니이다

시편 119:105

〈햇살콩 말씀 365〉는
매일 하나님의 말씀을 묵상할 수 있도록
성경 말씀을 중심으로 《하나님의 때》와
《하나님의 선물》의 은혜로운 내용을 발췌 수록했습니다.

따뜻한 글과 그림을 통해 하나님의 말씀을
매일 만나실 수 있습니다.

이 책을 통해 독자분들이 날마다
말씀 앞에 서길 원하며,
말씀으로 주님을 더 알아가길 바랍니다.

그리고 하루하루 달력을 넘길 때마다
"오늘, 하나님의 말씀이 내 삶을 이끄시길 원합니다"라고
고백하길 축복합니다.

햇살콩 김나단 × 김연선

12.30
December

내 사랑아,
너는 내게 더할 나위 없는 '기쁨'이란다.

스바냐 3:17
너의 하나님 여호와가 너의 가운데에 계시니 그는 구원을 베푸실 전능자이시라
그가 너로 말미암아 기쁨을 이기지 못하시며 너를 잠잠히 사랑하시며
너로 말미암아 즐거이 부르며 기뻐하시리라 하리라

햇살콩 말씀 365

"너와 함께하는 하루하루가 기쁨이란다!"

1

January

12.29
December

우리가 사랑함은
그가 먼저 우리를 사랑하셨음이라

요한일서 4:19

MEMO

01.01
January

세상의 모든 것보다
널 가장 아름답게 지었고,
내 형상을 꼭 닮게 창조했음을 기억하렴.

시편 139:14
내가 주께 감사하옴은 나를 지으심이 심히 기묘하심이라
주께서 하시는 일이 기이함을 내 영혼이 잘 아나이다

12.28

December

고린도후서 12:15

내가 너희 영혼을 위하여 크게 기뻐하므로 재물을 사용하고
또 내 자신까지도 내어주리니

01.02
January

여호와께서 사람의 걸음을 정하시고
그의 길을 기뻐하시나니
그는 넘어지나 아주 엎드러지지 아니함은
여호와께서 그의 손으로 붙드심이로다

시편 37:23,24

MEMO

12.27
December

나 곧 내 영혼은 여호와를 기다리며
나는 주의 말씀을 바라는도다

시편 130:5

MEMO

01.03
January

내가 널 창조할 때에 네게 가장 알맞은 사명과 비전을 이미 계획하였고, 지금도 네 삶을 인도한단다.

누가복음 12:7

너희에게는 심지어 머리털까지도 다 세신 바 되었나니 두려워하지 말라 너희는 많은 참새보다 더 귀하니라

12.26
December

요한일서 5:2
우리가 하나님을 사랑하고 그의 계명들을 지킬 때에
이로써 우리가 하나님의 자녀를 사랑하는 줄을 아느니라

01.04
January

주께서 생명의 길을 내게 보이셨으니
주 앞에서 내게 기쁨이
충만하게 하시리로다 하였으므로

사도행전 2:28

MEMO

12.25
December

지극히 높은 곳에서는
하나님께 영광이요
땅에서는 하나님이 기뻐하신
사람들중에 평화로다 하니라

누가복음 2:14

MEMO

01.05
January

네 인생의 앞날을 너무 걱정하지 마.
사랑의 마음으로 붓을 들고 있는 하늘 아빠에게
'온전히' 네 도화지를 맡겨다오.

마태복음 6:33
그런즉 너희는 먼저 그의 나라와 그의 의를 구하라
그리하면 이 모든 것을 너희에게 더하시리라

12.24
December

네 삶을 통해
세상에서 가장 아름다운 그림을 그려줄,
하늘 아빠의 솜씨를 신뢰하고 기대하렴.

히브리서 11:6
믿음이 없이는 하나님을 기쁘시게 하지 못하나니 하나님께 나아가는 자는
반드시 그가 계신 것과 또한 그가 자기를 찾는 자들에게 상 주시는 이심을 믿어야
할지니라

01.06

January

그러나 우리의 시민권은 하늘에 있는지라
거기로부터 구원하는 자
곧 주 예수 그리스도를 기다리노니

빌립보서 3:20

MEMO

December

보라 처녀가 잉태하여 아들을 낳을 것이요
그의 이름은 임마누엘이라 하리라 하셨으니
이를 번역한즉 하나님이 우리와 함께 계시다 함이라

마태복음 1:23

MEMO

01.07

January

아무것도 바뀌지 않는 현실 속에서
역전의 명수이신 하나님께는
능치 못함이 없음을 신뢰합니다.

야고보서 1:12

시험을 참는 자는 복이 있나니 이는 시련을 견디어 낸 자가 주께서 자기를 사랑하는 자들에게 약속하신 생명의 면류관을 얻을 것이기 때문이라

12.22
December

시편 37:5
네 길을 여호와께 맡기라 그를 의지하면 그가 이루시고

01.08
January

내 입에서 나가는 말도
이와같이 헛되이 내게로
되돌아오지 아니하고
나의 기뻐하는 뜻을 이루며
내가 보낸 일에 형통함이니라

이사야 55:11

MEMO

12.21
December

왕의 마음이 여호와의 손에 있음이
마치 봇물과 같아서
그가 임의로 인도하시느니라

잠언 21:1

MEMO

01.09
January

내 사랑아, 네게 기다림의 시간을 허락하는 목적이 있단다.

시편 62:5

나의 영혼아 잠잠히 하나님만 바라라
무릇 나의 소망이 그로부터 나오는도다

12.20
December

네가 간절히 기도하며 기다림의 시간을 보낼 때,
네 옆에서 보이지 않게 일하는 내가 있단다.

시편 55:22
네 짐을 여호와께 맡기라 그가 너를 붙드시고 의인의 요동함을 영원히 허락하지 아니하시리로다

01.10
January

또 새 영을 너희 속에 두고
새 마음을 너희에게 주되
너희 육신에서 굳은 마음을 제거하고
부드러운 마음을 줄 것이며

에스겔 36:26

MEMO

12.19
December

돈을 사랑하지 말고 있는 바를 족한 줄로 알라
그가 친히 말씀하시기를
내가 결코 너희를 버리지 아니하고
너희를 떠나지 아니하리라 하셨느니라

히브리서 13:5

MEMO

01.11
January

내 사랑아, 마음이 외로운 그 시간에
지금처럼 나를 깊이 생각한다면
결코 부정적인 감정이 너를 삼키지 못할 거야.

잠언 4:23
모든 지킬 만한 것 중에 더욱 네 마음을 지키라 생명의 근원이 이에서 남이니라

12.18
December

나는 너를 결코 떠나지 않아.
이 세상의 어떤 빛보다 반짝이는 내 사랑아,
너는 결코 혼자가 아니야.

고린도후서 3:5
우리가 무슨 일이든지 우리에게서 난 것 같이 스스로 만족할 것이 아니니
우리의 만족은 오직 하나님으로부터 나느니라

January

하나님께서 세상의 천한 것들과
멸시 받는 것들과 없는 것들을 택하사
있는 것들을 폐하려 하시나니
이는 아무 육체도 하나님 앞에서
자랑하지 못하게 하려 하심이라

고린도전서 1:28.29

MEMO

12.17
December

생각하건대 현재의 고난은
장차 우리에게 나타날 영광과
비교할 수 없도다

로마서 8:18

MEMO

01.13
January

오늘도 나는 네게 들려줄
이야기를 가득 안고
너와 대화하기를
기다리고 있단다.

이사야 26:4
너희는 여호와를 영원히 신뢰하라 주 여호와는 영원한 반석이심이로다

12.16
December

이사야 55:6
너희는 여호와를 만날 만한 때에 찾으라 가까이 계실 때에 그를 부르라

01.14
January

너희 의인들아 여호와를 기뻐하며
즐거워할지어다
마음이 정직한 너희들아
다 즐거이 외칠지어다

시편 32:11

MEMO

12.15
December

사울이 사무엘에게 이르되
내가 범죄하였나이다
내가 여호와의 명령과 당신의 말씀을 어긴것은
내가 백성을 두려워하여
그들의 말을 청종하였음이니이다

사무엘상 15:24

MEMO

01.15
January

주님, 제 마음과 입술을 열어주셔서
공허한 메아리가 아니라,
하나님과의 대화가 회복되길 원합니다.

시편 54:2
하나님이여 내 기도를 들으시며 내 입의 말에 귀를 기울이소서

12.14
December

네가 내 이름을 부를 때,
아무리 거대한 벽이라도 무너뜨릴 수 있단다.
기도가 안 된다고 결코 포기하지 마라!

디모데후서 2:9
복음으로 말미암아 내가 죄인과 같이 매이는 데까지 고난을 받았으나 하나님의 말씀은 매이지 아니하니라

01.16
January

심는 자에게 씨와 먹을 양식을
주시는 이가
너희 심을 것을 주사 풍성하게 하시고
너희 의의 열매를 더하게 하시리니

고린도후서 9:10

MEMO

12.13
December

너는 전략으로 싸우라
승리는 지략이 많음에 있느니라

잠언 24 : 6

MEMO

01.17
January

가끔 마음 한구석에서 올라오는 '비교'의식이
제 마음을 무너지게 합니다.
남들과 비교하는 제 습관을 다듬어주세요!

시편 103:13
아버지가 자식을 긍휼히 여김같이 여호와께서는 자기를 경외하는 자를 긍휼히 여기시나니

12.12
December

어떤 사람이 먼저 꽃을 피운다고 부러워하지 마라. 나는 네가 아름다운 향기를 낼 수 있게 만드는 중이란다.

사무엘하 22:29
여호와여 주는 나의 등불이시니 여호와께서 나의 어둠을 밝히시리이다

01.18

January

나는 하나님의 집에 있는
푸른 감람나무 같음이여
하나님의 인자하심을
영원히 의지하리로다

시편 52:8

MEMO

12.11
December

그러므로 함께 하늘의 부르심을 받은
거룩한 형제들아
우리가 믿는 도리의 사도이시며
대제사장이신 예수를
깊이 생각하라

히브리서 3:1

MEMO

January

조급해하지 않아도
결국 너는 내가 정한 때에
꽃을 피우게 될 거야.

요한복음 14:1
너희는 마음에 근심하지 말라 하나님을 믿으니 또 나를 믿으라

12.10

December

비교의식에 마음이 조급해질 때가
나를 향한 주님의 계획을
온전히 신뢰할 때입니다

시편 91:2
나는 여호와를 향하여 말하기를 그는 나의 피난처요 나의 요새요
내가 의뢰하는 하나님이라 하리니

01.20
January

범사에 감사하라
이것이 그리스도 예수 안에서
너희를 향하신 하나님의 뜻이니라

데살로니가전서 5:18

MEMO

12.09
December

그가 이같이 큰 사망에서 우리를 건지셨고
또 건지실것이며
이후에도 건지시기를 그에게 바라노라

고린도후서 1:10

MEMO

01.21
January

하나님이 주시는 참 평안이 아니면
온전한 쉼을 누릴 수 없음을 깨닫습니다.
주님, 참된 평강과 쉼을 허락해주세요.

시편 141:1
여호와여 내가 주를 불렀사오니 속히 내게 오시옵소서 내가 주께 부르짖을 때에
내 음성에 귀를 기울이소서

12.08
December

아가 6:3
나는 내 사랑하는 자에게 속하였고 내 사랑하는 자는 내게 속하였으며
그가 백합화 가운데에서 그 양 떼를 먹이는도다

01.22
January

그는 흉한 소문을 두려워하지 아니함이여
여호와를 의뢰하고
그의 마음을 굳게 정하였도다

시편 112:7

MEMO

12.07

December

진리를 알지니
진리가 너희를
자유롭게 하리라

요한복음 8:32

MEMO

01.23
January

내 딸아, 내 아들아,
진정한 쉼은 오직 내게서만,
내 안에서만 누릴 수 있단다.

느헤미야 8:10
이날은 우리 주의 성일이니 근심하지 말라 여호와로 인하여 기뻐하는 것이 너희의 힘이니라 하고

12.06
December

하나님, 제가 가진 달란트를
주님의 복음을 위해 사용하고 싶어요.
하나님의 도구로 쓰임 받고 싶어요.

고린도전서 10:24
누구든지 자기의 유익을 구하지 말고 남의 유익을 구하라

January

여호와께서 사무엘에게 이르시되
그의 용모와 키를 보지 말라
내가 이미 그를 버렸노라
내가 보는것은 사람과 같지 아니하니
사람은 외모를 보거니와 나 여호와는
중심을 보느니라 하시더라

사무엘상 16:7

MEMO

12.05
December

내가 진실로 진실로 너희에게 이르노니
나를 믿는 자는 내가 하는 일을 그도 할 것이요
또한 그보다 큰 일도 하리니
이는 내가 아버지께로 감이라

요한복음 14:12

MEMO

01.25

January

내 사랑아,
나는 각자에게 맞는 달란트를 주었단다.
그 분량에 맞는 달란트를 부어주었기에
어느 것 하나 부질없는 것이 없단다.

민수기 6:24,25

여호와는 네게 복을 주시고 너를 지키시기를 원하며
여호와는 그의 얼굴을 네게 비추사 은혜 베푸시기를 원하며

12.04
December

드러나 보이지 않아도 나는 네 좌절을 보며
널 위해 쉬지 않고 일하고 있단다.

시편 115:13

높은 사람이나 낮은 사람을 막론하고 여호와를 경외하는 자들에게
복을 주시리로다

01.26
January

수고하고 무거운 짐진 자들아
다 내게로 오라
내가 너희를 쉬게하리라

마태복음 11:28

MEMO

12.03

December

너는 내게 부르짖으라
내가 네게 응답하겠고
네가 알지 못하는 크고 은밀한 일을
네게 보이리라

예레미야 33:3

MEMO

01.27
January

네 스스로 연약하다고 느낄 때
완전한 하늘 아빠를 더 의지하면,
우리는 더 가까워질 수 있단다.

열왕기상 8:45
주는 하늘에서 그들의 기도와 간구를 들으시고 그들의 일을 돌아보옵소서

12.02
December

네 연약함이 네게 가장 큰 자랑이 되기까지
나와 동행하는 이 걸음을 멈추지 마라.

시편 116:8
주께서 내 영혼을 사망에서, 내 눈을 눈물에서, 내 발을 넘어짐에서 건지셨나이다

01.28
January

사람이 자기 친구를 위하여
자기 목숨을 버리면 이보다
더 큰 사랑이 없나니
너희는 내가 명하는대로 행하면
곧 나의 친구라

요한복음 15 : 13, 14

MEMO

12.01
December

고난받는 자는 그날이 다 험악하나
마음이 즐거운 자는 항상 잔치하느니라

잠언 15:15

MEMO

01.29
January

나는 넘어지고, 연약하고, 죄 많은 너를…
앞으로도 끊임없이, 영원토록 사랑할 거란다.
태초부터 너를 사랑하기로 작정했기 때문이지.

역대상 16:11
여호와와 그의 능력을 구할지어다 항상 그의 얼굴을 찾을지어다

햇살콩 말씀 365

"너와 함께하는 하루하루가 기쁨이란다!"

12
December

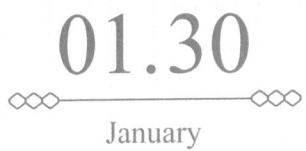

January

아침에 나로 하여금
주의 인자한 말씀을 듣게 하소서
내가 주를 의뢰함이니이다
내가 다닐 길을 알게 하소서
내가 내 영혼을 주께 드림이니이다

시편 143:8

MEMO

11.30
November

무슨 일을 하든지
마음을 다하여
주께 하듯 하고
사람에게 하듯 하지 말라

골로새서 3 : 23

MEMO

01.31
January

요한복음 21:16
요한의 아들 시몬아 네가 나를 사랑하느냐 하시니 이르되 주님 그러하나이다 내가 주님을 사랑하는 줄 주님께서 아시나이다 이르시되 내 양을 치라 하시고

11.29
November

사도행전 8:22

그러므로 너의 이 악함을 회개하고 주께 기도하라
혹 마음에 품은 것을 사하여 주시리라

햇살콩 말씀 365

"너와 함께하는 하루하루가 기쁨이란다!"

2

February

November

여호와의 구원하심이 칼과 창에 있지 아니함을
이 무리에게 알게 하리라
전쟁은 여호와께 속한 것인즉
그가 너희를 우리 손에 넘기시리라

사무엘상 17:47

MEMO

02.01
February

내 사랑아, 나는 내 자녀들에게
어떤 것도 결코 나보다
먼저 되지 않길 바란단다.

요한복음 10:27
내 양은 내 음성을 들으며 나는 그들을 알며 그들은 나를 따르느니라

11.27
November

내 안의 결핍과 우상을 발견했을 때가
하나님을 최우선순위에 두어야 할 때입니다.

마가복음 4:40
이에 제자들에게 이르시되 어찌하여 이렇게 무서워하느냐 너희가 어찌 믿음이 없느냐 하시니

02.02
February

우리가 알거니와
하나님을 사랑하는 자
곧 그의 뜻대로 부르심을 입은 자들에게는
모든것이 합력하여 선을 이루느니라

로마서 8:28

MEMO

11.26
November

여호와께서 그가
기뻐하시는 모든 일을
천지와 바다와 모든 깊은 데서
다 행하셨도다

시편 135:6

MEMO

02.03
February

시편 62:8

백성들아 시시로 그를 의지하고 그의 앞에 마음을 토하라 하나님은 우리의 피난처시로다 (셀라)

11.25
November

네게 맡겨진 일이 감당하기 벅차고,
어려워 보여도
포기하지 말고 나를 더욱 의지하렴.

잠언 1:33
오직 내 말을 듣는 자는 평안히 살며 재앙의 두려움이 없이 안전하리라

February

그 날에 네가 말하기를 여호와여 주께서 전에는 내게 노하셨사오나 이제는 주의 진노가 돌아섰고 또 주께서 나를 안위하시오니 내가 주께 감사하겠나이다 할 것이니라

이사야 12:1

MEMO

11.24
November

그런즉 서서
진리로 너희 허리 띠를 띠고
의의 호심경을 붙이고

에베소서 6:14

MEMO

02.05
February

내가 네게 부어주는 능력으로
너는 어떤 상황이든 충분히 감낭할 수 있어!

욥기 31:4
그가 내 길을 살피지 아니하시느냐 내 걸음을 다 세지 아니하시느냐

11.23
November

내게 기도하는 것과 기도하지 않는 것에는
엄청난 차이가 있음을 기억하렴.

시편 40:5

여호와 나의 하나님이여 주께서 행하신 기적이 많고 우리를 향하신 주의 생각도 많아 누구도 주와 견줄 수가 없나이다 내가 널리 알려 말하고자 하나 너무 많아 그 수를 셀 수도 없나이다

02.06
February

나의 하나님이
그리스도 예수 안에서
영광 가운데 그 풍성한 대로
너희 모든 쓸것을 채우시리라

빌립보서 4:19

MEMO

11.22
November

모든 일을 그의 뜻의 결정대로
일하시는 이의 계획을 따라
우리가 예정을 입어
그 안에서 기업이 되었으니

에베소서 1:11

MEMO

02.07
February

내게 맡겨주신 일들을
감당할 수 있을지 의심이 들 때가
하나님이 날 통해 일하심을 신뢰해야 할 때입니다.

고린도전서 3:16
너희는 너희가 하나님의 성전인 것과 하나님의 성령이 너희 안에 계시는 것을 알지 못하느냐

11.21
November

여호수아 24:15
오직 나와 내 집은 여호와를 섬기겠노라 하니

02.08
February

여호와께서는 그의 성전에 계시고
여호와의 보좌는 하늘에 있음이여
그의 눈이 인생을 통촉하시고
그의 안목이 그들을 감찰하시도다

시편 11:4

MEMO

11.20
November

기쁜마음으로 섬기기를 주께 하듯하고
사람들에게 하듯 하지말라

에베소서 6:7

MEMO

02.09
February

나는 네가 누군가에게 무조건
맞추기보다는 사랑하기 원한단다.
내가 부어준 은혜를 온전히 누리고
네 자신이 감당할 만큼의
선을 베풀며 살아가렴!

요한복음 15:17
내가 이것을 너희에게 명함은 너희로 서로 사랑하게 하려 함이라

11.19

November

다른 이에게 너 자신을 맞추느라
네 자신을 잃지 않았으면 좋겠구나.

베드로후서 1:10
그러므로 형제들아 더욱 힘써 너희 부르심과 택하심을 굳게 하라 너희가 이것을
행한즉 언제든지 실족하지 아니하리라

02.10
February

온갖 좋은 은사와 온전한 선물이
다 위로부터 빛들의 아버지께로부터 내려오나니
그는 변함도 없으시고
회전하는 그림자도 없으시니라

야고보서 1:17

MEMO

11.18

November

내가 여호와의 이름으로 기도하기를
여호와여 주께 구하오니
내 영혼을 건지소서 하였도다

시편 116:4

MEMO

02.11
February

시편 119:173
내가 주의 법도들을 택하였사오니 주의 손이 항상 나의 도움이 되게 하소서

11.17

November

나와 십자가의 사랑을 누리자!
함께 영원히 거할 하늘나라를
바라보는 연습을 시작하자!

데살로니가후서 3:5
주께서 너희 마음을 인도하여 하나님의 사랑과 그리스도의 인내에 들어가게
하시기를 원하노라

02.12
February

내가 네게 명령한 것이 아니냐
강하고 담대하라
두려워하지 말며 놀라지 말라
네가 어디로 가든지 네 하나님 여호와가
너와 함께 하느니라 하시니라

여호수아 1:9

MEMO

11.16
November

너희가 온 마음으로 나를 구하면
나를 찾을 것이요
나를 만나리라

예레미야 29:13

MEMO

02.13
February

눈에 보이는 축복만을 바라고 있을 때가
하나님과 영원히 함께 거할 하늘나라를
바라보아야 할 때입니다.

이사야 55:7
악인은 그의 길을, 불의한 자는 그의 생각을 버리고 여호와께로 돌아오라 그리하면
그가 긍휼히 여기시리라 우리 하나님께로 돌아오라 그가 너그럽게 용서하시리라

11.15

November

여러 상황과 관계 속에서 상처받았어도
내가 매일 네게 사랑을 고백할게.
네 상처 받은 마음을 회복시켜 줄게!

마가복음 1:40
한 나병환자가 예수께 와서 꿇어 엎드려 간구하여 이르되 원하시면 저를 깨끗하게 하실 수 있나이다

02.14
February

감사함으로 그의 문에 들어가며
찬송함으로 그의 궁정에 들어가서
그에게 감사하며
그의 이름을 송축할지어다

시편 100:4

MEMO

11.14
November

여호와여,
이제 주는 우리 아버지시니이다
우리는 진흙이요
주는 토기장이시니
우리는 다 주의 손으로 지으신 것이니이다

이사야 64:8

MEMO

02.15
February

마음이 무너져
모든 것을 포기하고 싶을 때가
하나님의 음성에 귀 기울일 때입니다.

시편 31:16
주의 얼굴을 주의 종에게 비추시고 주의 사랑하심으로 나를 구원하소서

11.13
November

하나님, 제 삶이 너무 가물어
하나님을 잊어버릴 때가 많아요.
결코 변치 않으시는 하나님의 평강과 사랑이
제 안에 회복되기를 간절히 소망합니다.

사무엘하 22:31
하나님의 도는 완전하고 여호와의 말씀은 진실하니 그는 자기에게 피하는 모든 자에게 방패시로다

02.16

February

믿음이 없어
하나님의 약속을 의심하지 않고
믿음으로 견고하여져서
하나님께 영광을 돌리며

로마서 4:20

MEMO

11.12
November

내게 능력주시는 자 안에서
내가 모든것을 할 수 있느니라

빌립보서 4:13

MEMO

02.17
February

악은 언제나 네 마음을 비집고 들어가려 하지.
그것을 이길 수 있는 비결은
오직 내 사랑뿐이란다.

로마서 8:35

누가 우리를 그리스도의 사랑에서 끊으리요 환난이나 곤고나 박해나 기근이나 적신이나 위험이나 칼이랴

11.11

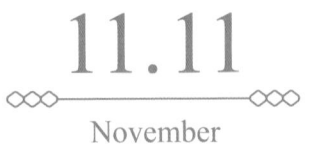

November

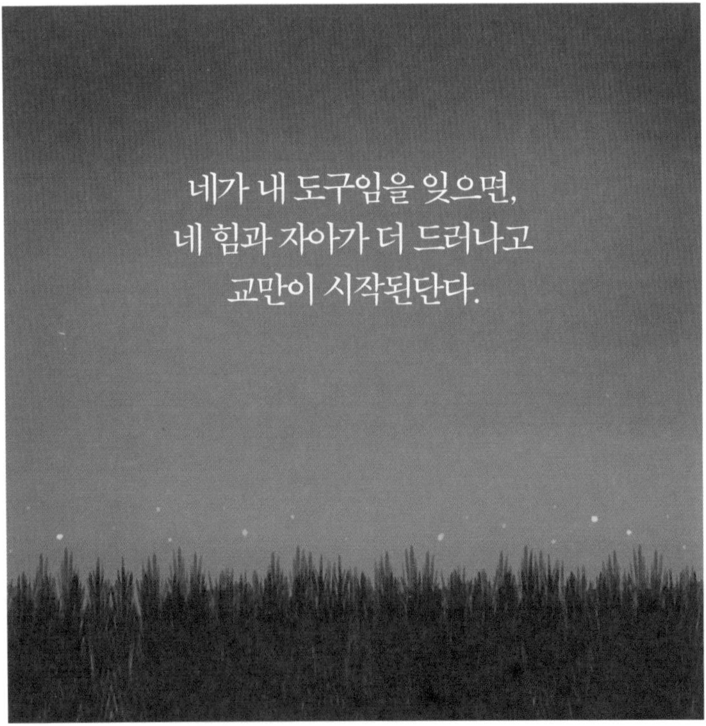
네가 내 도구임을 잊으면,
네 힘과 자아가 더 드러나고
교만이 시작된단다.

시편 103:2

내 영혼아 여호와를 송축하며 그의 모든 은택을 잊지 말지어다

02.18
February

너희에게 아버지가 되고
너희는 내게 자녀가 되리라
전능하신 주의 말씀이니라 하셨느니라

고린도후서 6:18

MEMO

November

여호와는 나의 힘이요
노래시며 나의 구원이시로다
그는 나의 하나님이시니
내가 그를 찬송할것이요
내 아버지의 하나님이시니
내가 그를 높이리로다

출애굽기 15:2

MEMO

February

나는 회복시키고 살리는 하나님이야.
너를 지키고 사랑으로 보호하는 여호와란다.

시편 17:8
나를 눈동자같이 지키시고 주의 날개 그늘 아래에 감추사

11.09
November

어떤 말이든 내게 물어도 되고,
어떤 감정이든 털어놓아도 된단다.

욥기 23:10
그러나 내가 가는 길을 그가 아시나니 그가 나를 단련하신 후에는
내가 순금같이 되어 나오리라

02.20

February

여호와 앞에 잠잠하고 참고 기다리라
자기 길이 형통하며 악한 꾀를 이루는 자 때문에
불평하지 말지어다

시편 37:7

MEMO

11.08

November

두세 사람이 내 이름으로 모인곳에는
나도 그들중에 있느니라

마태복음 18:20

MEMO

02.21
February

오늘도 내 깊은 임재 속에 잠겨
진정한 평안을 누리렴.

시편 68:3
의인은 기뻐하여 하나님 앞에서 뛰놀며 기뻐하고 즐거워할지어다

11.07
November

하나님, 형편없고 볼품없는
제 모습도 사랑해주시나요?
너무 나약해서
하나님 앞에 죄만 짓지만,
죄악에서 벗어나려 몸부림치는
저를 긍휼히 여겨주세요.

전도서 12:1
너는 청년의 때에 너의 창조주를 기억하라

02.22
February

너희가 비판하는 그 비판으로
너희가 비판을 받을것이요
너희가 헤아리는 그 헤아림으로
너희가 헤아림을 받을것이니라

마태복음 7:2

MEMO

11.06
November

하나님을 가까이하라
그리하면 너희를 가까이하시리라
죄인들아 손을 깨끗이 하라
두 마음을 품은 자들아 마음을 성결하게 하라

야고보서 4:8

MEMO

02.23
February

어떤 경우에도 나는
너를 사랑한다고 말해주고 싶단다.

히브리서 13:8
예수 그리스도는 어제나 오늘이나 영원토록 동일하시니라

11.05

November

거룩을 위해 몸부림쳐라!
나는 네가 나와 함께 성결해지기를 원한다.
내가 도와주겠다. 내가 함께하겠다!

요한복음 14:6
예수께서 이르시되 내가 곧 길이요 진리요 생명이니 나로 말미암지 않고는
아버지께로 올 자가 없느니라

02.24
February

나의 반석이신 여호와를 찬송하리로다
그가 내 손을 가르쳐 싸우게 하시며
손가락을 가르쳐 전쟁하게 하시는도다

시편 144:1

MEMO

11.04
November

그의 노염은 잠깐이요
그의 은총은 평생이로다
저녁에는 울음이 깃들일지라도
아침에는 기쁨이 오리로다

시편 30:5

MEMO

02.25
February

내 사랑아, 너는 나로 인해 꿈꿀 수 있단다.
이 꿈은 네 비전이자 삶의 목적이기도 해.

에베소서 5:8
너희가 전에는 어둠이더니 이제는 주 안에서 빛이라 빛의 자녀들처럼 행하라

11.03
November

하나님,
이 커다란 문제 앞에 마음이 무너집니다.
감당할 수 없어 주님께 나아갑니다.
당신이 절실히 필요합니다!

잠언 16:3
너의 행사를 여호와께 맡기라 그리하면 네가 경영하는 것이 이루어지리라

02.26
February

너희 안에서 행하시는 이는
하나님이시니
자기의 기쁘신 뜻을 위하여
너희에게 소원을 두고 행하게 하시나니

빌립보서 2:13

MEMO

November

이 율법책을 네 입에서 떠나지 말게하며
주야로 그것을 묵상하여 그 안에 기록된대로
다 지켜 행하라
그리하면 네 길이 평탄하게 될 것이며
네가 형통하리라

여호수아 1:8

MEMO

02.27

February

흔들리는 네 마음속에
내 진리의 말들을 새겨넣으렴.

시편 25:14
여호와의 친밀하심이 그를 경외하는 자들에게 있음이여
그의 언약을 그들에게 보이시리로다

11.01
November

세상의 모든 답에는
오류와 한계가 있지만,
내가 네게 보여줄 답들은
언제나 완전할 거란다.

누가복음 1:37
대저 하나님의 모든 말씀은 능하지 못하심이 없느니라

02.28
February

그가 비록 근심하게 하시나
그의 풍부한 인자하심에 따라
긍휼히 여기실 것임이라

예레미야애가 3 : 32

MEMO

햇살콩 말씀 365

"너와 함께하는 하루하루가 기쁨이란다!"

11
November

02.29
February

시편 101:6
내 눈이 이 땅의 충성된 자를 살펴 나와 함께 살게 하리니
완전한 길에 행하는 자가 나를 따르리로다

10.31
October

오직 너희의 하나님 여호와께 가까이하기를
오늘까지 행한 것 같이 하라

여호수아 23:8

MEMO

햇살콩 말씀 365

"너와 함께하는 하루하루가 기쁨이란다!"

3

March

10.30
October

내 말을 네 마음에 새기고
강건한 믿음으로 일어서라.
지금처럼 어디든 내가 너와 함께할 거야.

시편 54:4
하나님은 나를 돕는 이시며 주께서는 내 생명을 붙들어주시는 이시니이다

03.01
March

두려워 하지 말라 내가 너와 함께함이라
놀라지 말라 나는 네 하나님이 됨이라
내가 너를 굳세게 하리라
참으로 너를 도와주리라
참으로 나의 의로운 오른손으로 너를 붙들리라

이사야 41:10

MEMO

10.29

October

내가 너를 모태에 짓기 전에
너를 알았고
네가 배에서 나오기 전에
너를 성별하였고
너를 여러 나라의 선지자로
세웠노라 하시기로

예레미야 1:5

MEMO

03.02
March

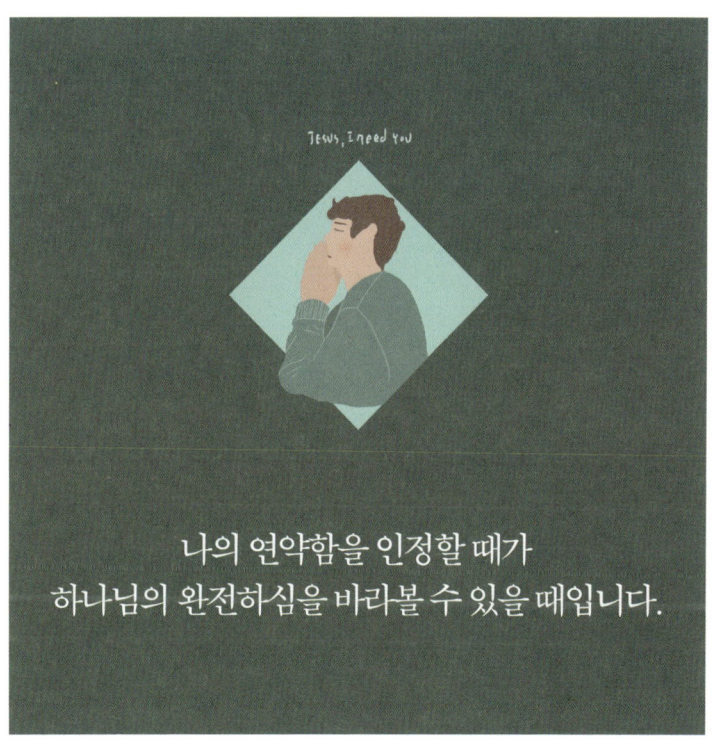

나의 연약함을 인정할 때가
하나님의 완전하심을 바라볼 수 있을 때입니다.

시편 51:6
보소서 주께서는 중심이 진실함을 원하시오니 내게 지혜를 은밀히 가르치시리이다

10.28

October

내가 바라는 공동체는
내 사랑을 알고 서로 사랑하며,
헌신하고, 배워가는 관계를 이루는 곳이다.

요한일서 4:11

사랑하는 자들아 하나님이 이같이 우리를 사랑하셨은즉
우리도 서로 사랑하는 것이 마땅하도다

03.03
March

너희가 악할지라도 좋은 것을
자식에게 줄 줄 알거든
하물며 너희 하늘 아버지께서 구하는 자에게
성령을 주시지 않겠느냐 하시니라

누가복음 11:13

MEMO

10.27

October

고난 당한것이 내게 유익이라
이로 말미암아 내가 주의 율례들을
배우게 되었나이다

시편 119:71

MEMO

03.04
March

주님, 이 시대를 불쌍히 여겨주시고,
저부터 거룩을 위해
몸부림치는 자가 되게 도와주세요.

로마서 12:2

너희는 이 세대를 본받지 말고 오직 마음을 새롭게 함으로 변화를 받아 하나님의 선하시고 기뻐하시고 온전하신 뜻이 무엇인지 분별하도록 하라

10.26
October

베드로전서 3:9

악을 악으로, 욕을 욕으로 갚지 말고 도리어 복을 빌라 이를 위하여 너희가 부르심을 받았으니 이는 복을 이어받게 하려 하심이라

03.05
March

사람의 마음에는
많은 계획이 있어도
오직 여호와의 뜻만이 완전히 서리라

잠언 19:21

MEMO

10.25

October

일어나라 빛을 발하라
이는 네 빛이 이르렀고
여호와의 영광이
네 위에 임하였음이니라

이사야 60:1

MEMO

03.06
March

삶에 복이 넘치든지, 메마르든지
하나님 한 분만으로 만족하며
나아갈 수 있기를 소망합니다.

사무엘하 22:30
내가 주를 의뢰하고 적진으로 달리며 내 하나님을 의지하고 성벽을 뛰어넘나이다

10.24
October

네가 가진 모든 게 사라져도
오직 네 영원한 생명이 되는 내게
모든 걸 맡기고 살아가렴.

로마서 13:14
오직 주 예수 그리스도로 옷 입고 정욕을 위하여 육신의 일을 도모하지 말라

03.07
March

그런즉 믿음, 소망, 사랑,
이 세가지는 항상 있을것인데
그중의 제일은 사랑이라

고린도전서 13:13

MEMO

10.23
October

내가 내게 있는 모든것으로 구제하고
또 내 몸을 불사르게 내줄지라도
사랑이 없으면
내게 아무 유익이 없느니라

고린도전서 13:3

MEMO

03.08
March

요한복음 3:16

하나님이 세상을 이처럼 사랑하사 독생자를 주셨으니 이는 그를 믿는 자마다 멸망하지 않고 영생을 얻게 하려 하심이라

10.22
October

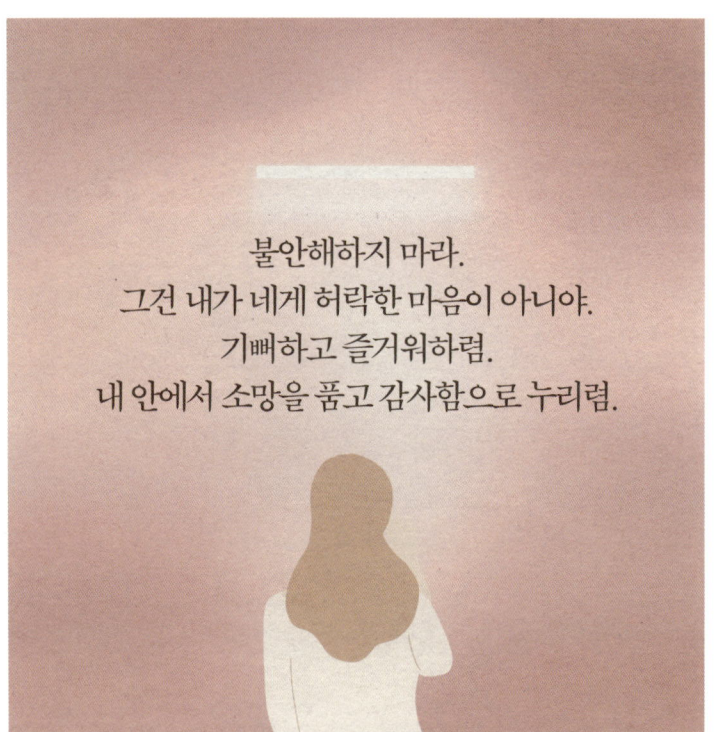

불안해하지 마라.
그건 내가 네게 허락한 마음이 아니야.
기뻐하고 즐거워하렴.
내 안에서 소망을 품고 감사함으로 누리렴.

시편 34:19,20
의인은 고난이 많으나 여호와께서 그의 모든 고난에서 건지시는도다
그의 모든 뼈를 보호하심이여 그중에서 하나도 꺾이지 아니하도다

03.09
March

지혜있는자는 궁창의 빛과같이 빛날것이요
많은 사람을 옳은데로 돌아오게 한자는
별과같이 영원토록 빛나리라

다니엘 12:3

MEMO

10.21
October

또 여호와를 기뻐하라
그가 네 마음의 소원을
네게 이루어 주시리로다

시편 37:4

MEMO

03.10
March

이사야 53:5

그가 찔림은 우리의 허물 때문이요 그가 상함은 우리의 죄악 때문이라 그가 징계를 받으므로 우리는 평화를 누리고 그가 채찍에 맞으므로 우리는 나음을 받았도다

10.20
October

누군가 제게 복음을 전해주었던 것처럼
저도 복음을 흘려보내고 싶습니다.

히브리서 12:2
믿음의 주요 또 온전하게 하시는 이인 예수를 바라보자 그는 그 앞에 있는 기쁨을 위하여 십자가를 참으사 부끄러움을 개의치 아니하시더니 하나님 보좌 우편에 앉으셨느니라

03.11
March

너는 범사에 그를 인정하라
그리하면 네 길을 지도하시리라

잠언 3:6

MEMO

10.19

October

그러므로 하나님의 능하신 손 아래에서
겸손하라
때가 되면 너희를 높이시리라

베드로전서 5:6

MEMO

03.12
March

내 사랑아,
내 사랑을 깊이 알게 된 자는
그 사랑을 전하는 삶을 살게 된단다.

사도행전 1:8

오직 성령이 너희에게 임하시면 너희가 권능을 받고 예루살렘과 온 유대와 사마리아와 땅 끝까지 이르러 내 증인이 되리라 하시니라

10.18

October

네 작은 달란트를 사용해서 나를 전해보렴.
내가 함께하고 그 위에
성령의 기름을 부어주겠다!

출애굽기 4:12
이제 가라 내가 네 입과 함께 있어서 할 말을 가르치리라

03.13
March

사람이 감당할 시험 밖에는
너희가 당한것이 없나니
오직 하나님은 미쁘사
너희가 감당하지 못할 시험당함을
허락하지 아니하시고
시험당할 즈음에 또한 피할길을 내사
너희로 능히 감당하게 하시느니라

고린도전서 10:13

MEMO

10.17

October

주의 약속은
어떤 이들이 더디다고 생각하는 것같이
더딘것이 아니라
오직 주께서는 너희를 대하여 오래참으사
아무도 멸망하지 아니하고
다 회개하기에 이르기를 원하시느니라

베드로후서 3:9

MEMO

03.14
March

하나님이 제게만 허락하신
존귀함과 독특성이
제 안에 있음을 기억하게 해주세요.

로마서 8:6

육신의 생각은 사망이요 영의 생각은 생명과 평안이니라

10.16
October

내 사랑아,
실패와 성공에 집중하기보다
네가 지금 걷고 있는 과정에 집중하렴.

고린도후서 1:20
하나님의 약속은 얼마든지 그리스도 안에서 예가 되니 그런즉 그로 말미암아 우리가 아멘 하여 하나님께 영광을 돌리게 되느니라

03.15
March

하나님이 우리에게 주신 것은
두려워하는 마음이 아니요
오직 능력과 **사랑**과 **절제**하는 마음이니

디모데후서 1:7

MEMO

October

임금이 대답하여 이르시되
내가 진실로 너희에게 이르노니
너희가 여기 내 형제 중에
지극히 작은 자 하나에게 한 것이
곧 내게 한 것이니라 하시고

마태복음 25 : 40

MEMO

03.16
March

마태복음 5:14
너희는 세상의 빛이라 산 위에 있는 동네가 숨겨지지 못할 것이요

10.14
October

너는 하늘에 기준을 두고
사는 사람이란다.
너를 평가하는 다른 기준에
억지로 꿰맞추지 마라.

빌립보서 2:15

이는 너희가 흠이 없고 순전하여 어그러지고 거스르는 세대 가운데서
하나님의 흠 없는 자녀로 세상에서 그들 가운데 빛들로 나타내며

03.17
March

환난날에 나를 부르라
내가 너를 건지리니
네가 나를 영화롭게 하리로다

시편 50:15

MEMO

10.13

October

여호와는 나의 목자시니
내게 부족함이 없으리로다

시편 23:1

MEMO

03.18
March

내가 너를 참 기뻐하고 사랑한단다.
늘 기억하며
오늘도 내 임재 안에 머물러라.

에베소서 1:4
곧 창세 전에 그리스도 안에서 우리를 택하사 우리로 사랑 안에서 그 앞에 거룩하고 흠이 없게 하시려고

10.12
October

제가 보다 거룩한 삶에 거할 수 있게
주의 말씀으로 이끌어주세요.
주님의 빛을 비추어주세요.

시편 119:105
주의 말씀은 내 발에 등이요 내 길에 빛이니이다

03.19
March

주께서 나를 변호하시고
나를 구하사 주의 말씀대로
나를 살리소서

시편 119:154

MEMO

10.11
October

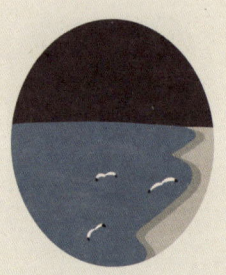

여호와께서 너희를 위하여 싸우시리니
너희는 가만히 있을지니라

출애굽기 14:14

MEMO

03.20
March

마태복음 12:20
상한 갈대를 꺾지 아니하며 꺼져가는 심지를 끄지 아니하기를 심판하여 이길 때까지 하리니

10.10
October

내가 수많은 곤경 가운데 널 지키고
네 삶에 기쁨이 끊이지 않도록
사랑의 마음을 넘치게 부어줄 것이다.

마태복음 6:34

그러므로 내일 일을 위하여 염려하지 말라 내일 일은 내일이 염려할 것이요
한 날의 괴로움은 그날로 족하니라

03.21
March

주의 나라는 영원한 나라이니
주의 통치는 대대에 이르리이다

시편 145:13

MEMO

10.09
October

주는 미쁘사 너희를 굳건하게 하시고
악한 자에게서 지키시리라

데살로니가후서 3:3

MEMO

03.22
March

네 기도는
사랑하는 사람에게 큰 힘이 된단다.
중보기도에는 힘이 있어.

시편 28:2
내가 주의 지성소를 향하여 나의 손을 들고 주께 부르짖을 때에 나의 간구하는 소리를 들으소서

10.08
October

지금은 벼랑 끝에 내몰린 것 같을지라도
너희의 회복과 안전을 위해
내 영이 쉬지 않고 기도하고 있음을 잊지 마라.

고린도후서 1:4
우리의 모든 환난 중에서 우리를 위로하사 우리로 하여금 하나님께 받는 위로로써 모든 환난 중에 있는 자들을 능히 위로하게 하시는 이시로다

03.23
March

내 평생에 선하심과 인자하심이
반드시 나를 따르리니
내가 여호와의 집에 영원히 살리로다

시편 23:6

MEMO

10.07
October

너는 여호와를 기다릴지어다
강하고 담대하며
여호와를 기다릴지어다

시편 27:14

MEMO

03.24

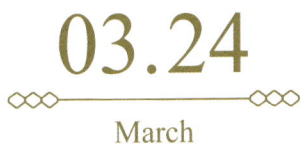

March

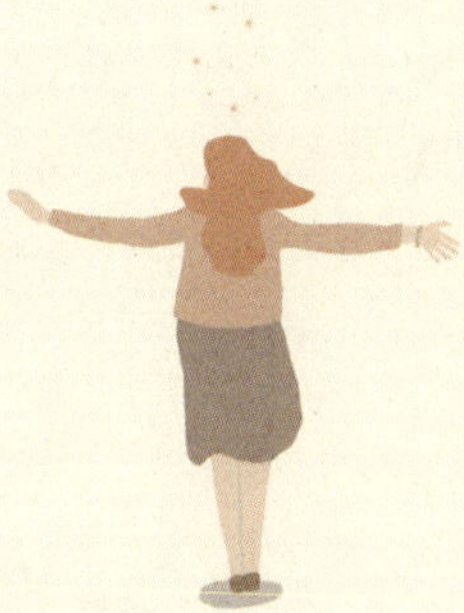

주님이 허락하신 이 환경이
얼마나 값지고 소중한지
잊지 않게 도와주세요.

시편 90:14

아침에 주의 인자하심이 우리를 만족하게 하사 우리를 일생 동안 즐겁고 기쁘게 하소서

10.06
October

네게 주는 은혜는
아무 값도, 이유도 따지지 않은 거란다.
네가 그것을 누릴 때 기쁨을 느끼기 때문이야.

고린도후서 3:17
주는 영이시니 주의 영이 계신 곳에는 자유가 있느니라

03.25

March

내가 여호와를 항상 내 앞에 모심이여
그가 나의 오른쪽에 계시므로
내가 흔들리지 아니하리로다

시편 16:8

MEMO

10.05
October

주라 그리하면 너희에게 줄 것이니
곧 후히 되어 누르고 흔들어 넘치도록 하여
너희에게 안겨 주리라
너희가 헤아리는 그 헤아림으로
너희도 헤아림을 도로 받을 것이니라

누가복음 6:38

MEMO

03.26
March

스스로 어려운 상황을 이겨내려
마음에 생채기를 만들기보다
나를 찾으렴.

누가복음 12:31
다만 너희는 그의 나라를 구하라 그리하면 이런 것들을 너희에게 더하시리라

10.04
October

내 사랑아,
삶 속에서 손해 본다고 느낄 때면
널 향한 십자가의 사랑을 꼭 기억하렴.

시편 46:1
하나님은 우리의 피난처시요 힘이시니 환난 중에 만날 큰 도움이시라

03.27
March

여호와는 내 편이시라
내가 두려워하지 아니하리니
사람이 내게 어찌할까

시편 118 : 6

MEMO

10.03

October

악인에게는 많은 슬픔이 있으나
여호와를 신뢰하는 자에게는
인자하심이 두르리로다

시편 32:10

MEMO

03.28
March

제 앞에 닥친
폭풍 같은 문제에 봉착했을 때,
제가 하나님의 능력을 의심하지 않게 해주세요.

시편 3:6

천만인이 나를 에워싸 진 친다 하여도 나는 두려워하지 아니하리이다

10.02
October

시편 27:8
너희는 내 얼굴을 찾으라 하실 때에 내가 마음으로 주께 말하되 여호와여
내가 주의 얼굴을 찾으리이다 하였나이다

03.29
March

아무것도 염려하지 말고
다만 모든 일에 기도와 간구로,
너희 구할것을 감사함으로 하나님께 아뢰라

빌립보서 4:6

MEMO

10.01

October

내가 은혜 베풀 때에 너에게 듣고
구원의 날에 너를 도왔다 하셨으니
보라 지금은 은혜 받을만한 때요
보라 지금은 구원의 날이로다

고린도후서 6:2

MEMO

03.30
March

잠언 8:17
나를 사랑하는 자들이 나의 사랑을 입으며 나를 간절히 찾는 자가
나를 만날 것이니라

햇살콩 말씀 365

"너와 함께하는 하루하루가 기쁨이란다!"

10
October

March

피곤한 자에게는 능력을 주시며
무능한 자에게는 힘을 더하시나니

이사야 40:29

MEMO

09.30

September

요한계시록 4:11

우리 주 하나님이여 영광과 존귀와 권능을 받으시는 것이 합당하오니 주께서 만물을 지으신지라 만물이 주의 뜻대로 있었고 또 지으심을 받았나이다 하더라

햇살콩 말씀 365

"너와 함께하는 하루하루가 기쁨이란다!"

4

April

09.29
September

주께 합당하게 행하여
범사에 기쁘시게 하고
모든 선한 일에 열매를 맺게 하시며
하나님을 아는것에 자라게 하시고

골로새서 1:10

MEMO

04.01
April

하나님, 죄인일 수밖에 없는 제게
당신의 사랑을 부어주시고,
부족함에도 당신의 일을 맡겨주시니 감사합니다.

에베소서 2:8
너희는 그 은혜에 의하여 믿음으로 말미암아 구원을 받았으니 이것은 너희에게서 난 것이 아니요 하나님의 선물이라

09.28
September

걱정과 근심이
네 인생의 가장 괴로운 순간으로 위장하여
너를 괴롭히지만 나 외에 영원한 건 없단다.

요한일서 2:25
그가 우리에게 약속하신 것은 이것이니 곧 영원한 생명이니라

04.02

April

평온한 마음은 육신의 생명이나
시기는 뼈를 썩게 하느니라

잠언 14:30

MEMO

09.27
September

나는 포도나무요 너희는 가지라
그가 내 안에, 내가 그 안에 거하면
사람이 열매를 많이 맺나니
나를 떠나서는 너희가 아무것도 할 수 없음이라

요한복음 15:5

MEMO

04.03
April

우울의 망토를 벗고 내게 나아오렴.
언제나 널 위해 두 팔 벌리고 있는 내게 말이야.

베드로전서 1:6
그러므로 너희가 이제 여러 가지 시험으로 말미암아 잠깐 근심하게 되지 않을 수 없으나 오히려 크게 기뻐하는도다

09.26
September

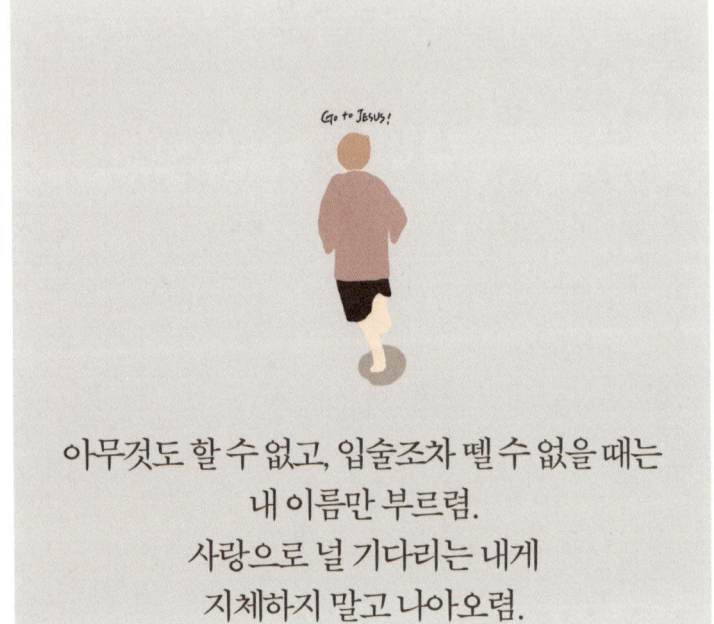

아무것도 할 수 없고, 입술조차 뗄 수 없을 때는
내 이름만 부르렴.
사랑으로 널 기다리는 내게
지체하지 말고 나아오렴.

예레미야애가 5:21
여호와여 우리를 주께로 돌이키소서 그리하시면 우리가 주께로 돌아가겠사오니
우리의 날들을 다시 새롭게 하사 옛적 같게 하옵소서

04.04
April

예수께서 이르시되
너는 나를 본 고로 믿느냐
보지 못하고 믿는 자들은
복되도다 하시니라

요한복음 20:29

MEMO

09.25
September

호흡이 있는 자마다
여호와를 찬양할지어다
할렐루야

시편 150:6

MEMO

04.05
April

하나님을 사랑하고, 그 사랑을 고백하는
참된 신앙인의 삶을 살도록
주님의 강력한 사랑의 끈으로 저를 매어주세요.

요한계시록 3:15
내가 네 행위를 아노니 네가 차지도 아니하고 뜨겁지도 아니하도다 네가 차든지 뜨겁든지 하기를 원하노라

09.24
September

시편 51:10

하나님이여 내 속에 정한 마음을 창조하시고 내 안에 정직한 영을 새롭게 하소서

04.06
April

믿음은 바라는 것들의 실상이요
보이지 않는 것들의 증거니

히브리서 11:1

MEMO

09.23
September

여호와여 주는 의인에게 복을 주시고
방패로 함 같이 은혜로 그를 호위하시리이다

시편 5:12

MEMO

04.07
April

골로새서 4:2
기도를 계속하고 기도에 감사함으로 깨어있으라

09.22
September

사람들의 시선을 의식하기보다
하나님의 시선이 머무는 곳과
그 마음에 더 집중하게 해주세요!

베드로후서 3:13
우리는 그의 약속대로 의가 있는 곳인 새 하늘과 새 땅을 바라보도다

04.08

April

마음을 같이하여 같은 사랑을 가지고
뜻을 합하여 한 마음을 품어

빌립보서 2:2

MEMO

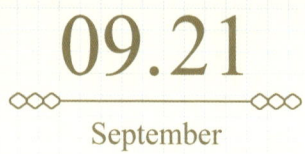

내가 내 마음속으로 이르기를
의인과 악인을 하나님이 심판하시리니
이는 모든 소망하는 일과 모든 행사에
때가 있음이라 하였으며

전도서 3:17

MEMO

04.09
April

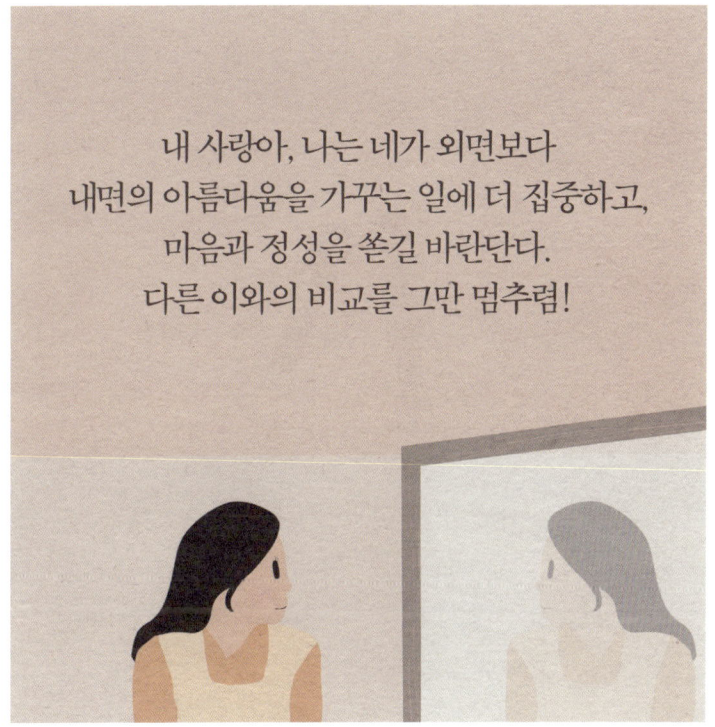

내 사랑아, 나는 네가 외면보다
내면의 아름다움을 가꾸는 일에 더 집중하고,
마음과 정성을 쏟길 바란단다.
다른 이와의 비교를 그만 멈추렴!

시편 40:11
여호와여 주의 긍휼을 내게서 거두지 마시고 주의 인자와 진리로 나를 항상 보호하소서

September

사람은 감정과 상황에 따라
상대를 다르게 대하지만
나는 한결같이 너를 기뻐하고 사랑한단다.

에베소서 5:1

그러므로 사랑을 받는 자녀같이 너희는 하나님을 본받는 자가 되고

04.10
April

나는 하나님께 부르짖으리니
여호와께서 나를 구원하시리로다

시편 55:16

MEMO

09.19
September

주께서 경건한 자는 시험에서 건지실 줄 아시고 불의한 자는 형벌 아래에 두어 심판 날까지 지키시며

베드로후서 2:9

MEMO

04.11
April

내 사랑아,
사랑하는 건 일이 아니라
삶의 모든 순간이란다.

요한일서 4:21
우리가 이 계명을 주께 받았나니 하나님을 사랑하는 자는 또한 그 형제를 사랑할지니라

09.18
September

내가 너와 함께 가고 싶은 길은
쉬운 길이 아닌 옳은 길이란다.

사도행전 6:4
우리는 오로지 기도하는 일과 말씀 사역에 힘쓰리라 하니

04.12
April

그러나 자족하는 마음이 있으면
경건은 큰 이익이 되느니라

디모데전서 6:6

MEMO

09.17
September

여호와는 선하시며 환난날에 산성이시라
그는 자기에게 피하는 자들을 아시느니라

나훔 1:7

MEMO

04.13

April

한 치 앞도 보이지 않는
어둠 속을 걷고 있다고 두려워하지 마라.
너와 함께 걷는 날 온전히 신뢰해라.

베드로전서 4:19
그러므로 하나님의 뜻대로 고난을 받는 자들은 또한 선을 행하는 가운데에
그 영혼을 미쁘신 창조주께 의탁할지어다

09.16
September

제 입술이 누군가를 비난하는 입술이 아닌,
사랑의 언어를 사용하고 주님의 이름을 찬양하며
이웃에게 복음을 전하는 입술이 되길 원합니다.

시편 141:3
여호와여 내 입에 파수꾼을 세우시고 내 입술의 문을 지키소서

04.14
April

예수께서 이르시되 오히려
하나님의 말씀을 듣고 지키는 자가
복이 있느니라 하시니라

누가복음 11:28

MEMO

09.15
September

여호와께서는 자기 백성을 기뻐하시며
겸손한 자를 구원으로 아름답게 하심이로다

시편 149:4

MEMO

04.15
April

내가 네게 말할 수 있는 능력을 준 건
서로 사랑을 표현할 수 있게 하기 위함이란다.
너를 만든 하늘 아빠를 찬양하고
감사하게 하기 위함이지.

시편 16:11

주께서 생명의 길을 내게 보이시리니 주의 앞에는 충만한 기쁨이 있고
주의 오른쪽에는 영원한 즐거움이 있나이다

09.14
September

내 사랑아,
사랑하는 사람에게 더는
말로 상처 주지 말고 네 입술을 굳게 지켜라.

누가복음 6:37

비판하지 말라 그리하면 너희가 비판을 받지 않을 것이요 정죄하지 말라 그리하면 너희가 정죄를 받지 않을 것이요 용서하라 그리하면 너희가 용서를 받을 것이요

04.16
April

내가 항상 주와 함께하니
주께서 내 오른손을 붙드셨나이다

시편 73:23

MEMO

09.13
September

자녀들아 우리가 말과 혀로만
사랑하지 말고
행함과 진실함으로 하자

요한일서 3:18

MEMO

04.17
April

시편 121:1,2
내가 산을 향하여 눈을 들리라 나의 도움이 어디서 올까
나의 도움은 천지를 지으신 여호와에게서로다

09.12
September

요한복음 4:24
하나님은 영이시니 예배하는 자가 영과 진리로 예배할지니라

04.18
April

모든 수고에는 이익이 있어도
입술의 말은 궁핍을 이룰 뿐이니라

잠언 14:23

MEMO

09.11
September

나의 영혼이 잠잠히 하나님만 바람이여
나의 구원이 그에게서 나오는도다

시편 62:1

MEMO

04.19
April

나는 매일 네 걸음을 지키고,
네 마음을 보호하며,
너와 동행하기를 멈추지 않는단다.

요한복음 12:26
사람이 나를 섬기려면 나를 따르라 나 있는 곳에 나를 섬기는 자도 거기 있으리니 사람이 나를 섬기면 내 아버지께서 그를 귀히 여기시리라

09.10
September

믿음이란 너 자신을 내려놓고
날 인정하는 일에서부터 시작된다.
내가 적극적으로 네 삶에
개입하여 일할 수 있게 네 마음을 열어주렴!

요한복음 15:7
너희가 내 안에 거하고 내 말이 너희 안에 거하면 무엇이든지 원하는 대로 구하라 그리하면 이루리라

April

내가 주는 물을 마시는 자는
영원히 목마르지 아니하리니
내가 주는 물은 그 속에서 영생하도록
솟아나는 샘물이 되리라

요한복음 4:14

MEMO

09.09
September

남에게 대접을 받고자 하는대로
너희도 남을 대접하라

누가복음 6:31

MEMO

04.21

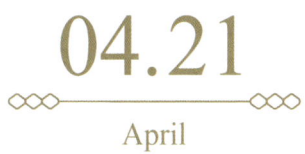

April

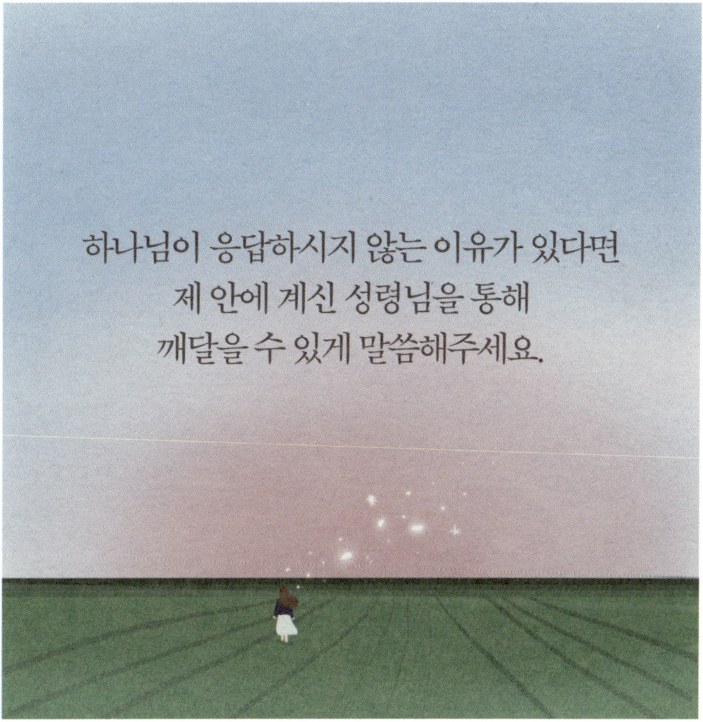
하나님이 응답하시지 않는 이유가 있다면
제 안에 계신 성령님을 통해
깨달을 수 있게 말씀해주세요.

시편 19:12

자기 허물을 능히 깨달을 자 누구리요 나를 숨은 허물에서 벗어나게 하소서

09.08
September

미가 7:7
오직 나는 여호와를 우러러보며 나를 구원하시는 하나님을 바라보나니
나의 하나님이 나에게 귀를 기울이시리로다

04.22

April

너희 하나님 여호와는 너희와 함께 행하시며
너희를 위하여 너희 적군과 싸우시고
구원하실 것이라 할 것이며

신명기 20:4

MEMO

09.07
September

너희 보물 있는 곳에는
너희 마음도 있으리라

누가복음 12:34

MEMO

04.23
April

때에 따라 나무에서 열매가 열리듯
때에 맞는 응답을 네게 들려주기 위해
지금도 널 위해 일하고 있단다.

이사야 43:19
보라 내가 새 일을 행하리니 이제 나타낼 것이라 너희가 그것을 알지 못하겠느냐 반드시 내가 광야에 길을 사막에 강을 내리니

09.06
September

내 사랑아,
복음 주변의 것만을 전하지 말고,
복음 그 자체를 전하는 자가 되렴.

로마서 10:15

보내심을 받지 아니하였으면 어찌 전파하리요 기록된 바 아름답도다 좋은 소식을 전하는 자들의 발이여 함과 같으니라

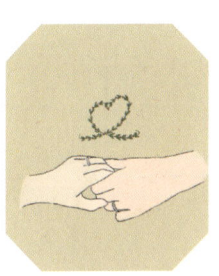

그들이 부르기전에 내가 응답하겠고
그들이 말을 마치기 전에
내가 들을 것이며

이사야 65:24

MEMO

09.05
September

그는 우리의 화평이신지라
둘로 하나를 만드사 원수 된 것 곧
중간에 막힌 담을 자기 육체로 허시고

에베소서 2:14

MEMO

04.25

April

마태복음 10:22
또 너희가 내 이름으로 말미암아 모든 사람에게 미움을 받을 것이나
끝까지 견디는 자는 구원을 얻으리라

09.04
September

'응답'이라는 틀에
네 기도와 믿음을 가두지 말고
나와 동행하는 순간에 마음을 두렴.

로마서 12:12
소망 중에 즐거워하며 환난 중에 참으며 기도에 항상 힘쓰며

04.26
April

육체의 연단은 약간의 유익이 있으나
경건은 범사에 유익하니
금생과 내생에 약속이 있느니라

디모데전서 4:8

MEMO

09.03
September

주께서 심지가 견고한 자를
평강하고 평강하도록 지키시리니
이는 그가 주를 신뢰함이니이다

이사야 26:3

MEMO

04.27
April

하나님이 침묵하신다고 느낄 때가
날 위해 일하시는 그분을
전적으로 신뢰해야 할 때입니다.

로마서 5:3,4

다만 이뿐 아니라 우리가 환난 중에도 즐거워하나니 이는 환난은 인내를, 인내는 연단을, 연단은 소망을 이루는 줄 앎이로다

09.02
September

일상에 지쳐 쉼이 필요할 때가
하나님이 부어주시는 진정한 쉼을
구해야 할 때입니다.

시편 23:2
그가 나를 푸른 풀밭에 누이시며 쉴 만한 물 가로 인도하시는도다

04.28
April

너희는 무엇을 먹을까 무엇을 마실까하여
구하지 말며 근심하지도 말라

누가복음 12:29

MEMO

09.01
September

이 백성은 내가 나를 위하여 지었나니
나를 찬송하게 하려 함이니라

이사야 43:21

MEMO

04.29
April

누군가 진심으로 내 말을 들어주고,
내게 관심을 기울여주는 건
정말 고마운 일입니다.

시편 143:7

여호와여 속히 내게 응답하소서 내 영이 피곤하니이다 주의 얼굴을 내게서 숨기지 마소서 내가 무덤에 내려가는 자 같을까 두려워하나이다

햇살콩 말씀 365

"너와 함께하는 하루하루가 기쁨이란다!"

9
September

새 계명을 너희에게 주노니
서로 사랑하라
내가 너희를 사랑한것같이
너희도 서로 사랑하라

요한복음 13:34

MEMO

08.31
August

하나님께서는 그리스도인들이
같은 마음으로 하나가 되어
이 땅에 하나님나라를 이뤄가길 원하십니다.

에베소서 4:32

서로 친절하게 하며 불쌍히 여기며 서로 용서하기를 하나님이
그리스도 안에서 너희를 용서하심과 같이 하라

햇살콩 말씀 365

"너와 함께하는 하루하루가 기쁨이란다!"

5

May

08.30
August

나는 내 사랑하는 자에게 속하였도다
그가 나를 사모하는구나

아가 7:10

MEMO

05.01
May

주님께 사랑을 고백하는
믿음의 지체들과 연합하고 서로 격려하십시오.

베드로전서 3:8
마지막으로 말하노니 너희가 다 마음을 같이하여 동정하며 형제를 사랑하며 불쌍히 여기며 겸손하며

08.29
August

혼자 기도하는 것보다
믿음의 동역자들과 함께 기도하십시오.

마태복음 7:7
구하라 그리하면 너희에게 주실 것이요 찾으라 그리하면 찾아낼 것이요
문을 두드리라 그리하면 너희에게 열릴 것이니

05.02
May

무릇 하나님께로부터 난 자마다
세상을 이기느니라
세상을 이기는 승리는 이것이니
우리의 믿음이니라

요한일서 5:4

MEMO

08.28
August

여호와께서는 자기에게 간구하는 모든 자
곧 진실하게 간구하는 모든 자에게
가까이 하시는도다

시편 145:18

MEMO

05.03
May

주님은
우리가 완벽할 수 없음을 잘 아십니다.
그래서 완벽하라고 말씀하지 않으시고
그분께 나아오라 하십니다.

시편 130:1, 2

여호와여 내가 깊은 곳에서 주께 부르짖었나이다
주여 내 소리를 들으시며 나의 부르짖는 소리에 귀를 기울이소서

08.27
August

내 모습 그대로를 주님께 드러내는 건
창피한 일이 아닙니다.
주님께는 모든 걸 보여드려도 안전합니다.

이사야 1:18

여호와께서 말씀하시되 오라 우리가 서로 변론하자 너희의 죄가 주홍 같을지라도
눈과 같이 희어질 것이요 진홍같이 붉을지라도 양털같이 희게 되리라

05.04

May

예수께서 또 말씀하여 이르시되
나는 세상의 빛이니
나를 따르는 자는 어둠에 다니지 아니하고
생명의 빛을 얻으리라

요한복음 8:12

MEMO

08.26

August

파수꾼이 아침을 기다림보다
내 영혼이 주를 더 기다리나니
참으로 파수꾼이 아침을 기다림보다 더하도다

시편 130 : 6

MEMO

05.05
May

당신이 어디를 가고 무엇을 하든
당신의 등 뒤에는
사랑으로 응원하시는
하나님이 계십니다.

시편 121:8
여호와께서 너의 출입을 지금부터 영원까지 지키시리로다

08.25
August

하나님의 자녀인
당신은 결코 혼자가 아닙니다.
당신이 사망의 음침한 골짜기로 다닐지라도
그분이 함께하십니다.

시편 23:4
내가 사망의 음침한 골짜기로 다닐지라도 해를 두려워하지 않을 것은 주께서 나와 함께하심이라 주의 지팡이와 막대기가 나를 안위하시나이다

05.06
May

내가 복음을 부끄러워하지 아니하노니
이 복음은 모든 믿는 자에게 구원을 주시는
하나님의 능력이 됨이라
먼저는 유대인에게요
그리고 헬라인에게로다

로마서 1:16

MEMO

08.24
August

이 하나님은 영원히 우리 하나님이시니
그가 우리를 죽을 때까지 인도하시리로다

시편 48:14

MEMO

05.07

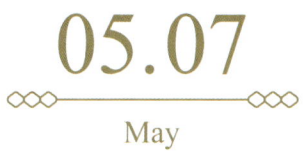

May

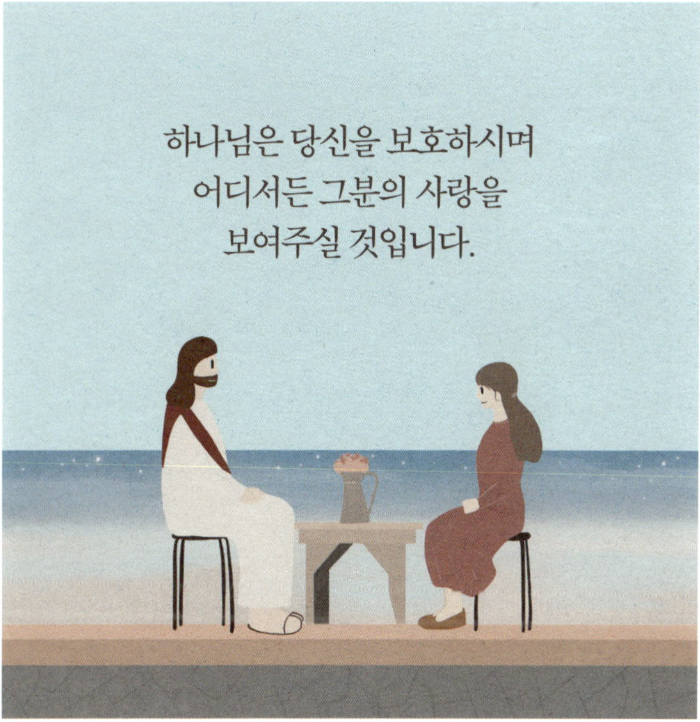
하나님은 당신을 보호하시며
어디서든 그분의 사랑을
보여주실 것입니다.

요한삼서 1:2

사랑하는 자여 네 영혼이 잘됨같이 네가 범사에 잘되고 강건하기를 내가 간구하노라

08.23
August

날마다 우리에게
예수 그리스도를 통한
돌이킴의 기회를 주십니다.
기회를 놓치지 말고 꼭 붙잡으십시오.

신명기 32:10
여호와께서 그를 황무지에서, 짐승이 부르짖는 광야에서 만나시고 호위하시며
보호하시며 자기의 눈동자같이 지키셨도다

May

우리가 주목하는 것은 보이는것이 아니요
보이지 않는것이니
보이는 것은 잠깐이요 보이지 않는것은 영원함이라

고린도후서 4:18

MEMO

08.22
August

여호와는 마음이 상한 자를 가까이하시고
중심으로 통회하는 자를 구원하시는도다

시편 34:18

MEMO

May

"하나님 없이는 단 하루도 살 수 없습니다!"
고백하는 그분의 사랑받는 자녀가 되십시오.

시편 121:6
낮의 해가 너를 상하게 하지 아니하며 밤의 달도 너를 해치지 아니하리로다

08.21
August

하나님은 항상 선하시며,
당신의 기도를 듣고 계시며,
당신의 길을 인도하십니다.

고린도전서 12:31
너희는 더욱 큰 은사를 사모하라 내가 또한 가장 좋은 길을 너희에게 보이리라

05.10
May

그러므로 우리는 긍휼하심을 받고
때를 따라 돕는 은혜를 얻기 위하여
은혜의 보좌앞에 담대히 나아갈것이니라

히브리서 4:16

MEMO

08.20

August

소망의 하나님이 모든 기쁨과 평강을
믿음 안에서 너희에게 충만하게 하사
성령의 능력으로
소망이 넘치게 하시기를 원하노라

로마서 15:13

MEMO

May

당신과 더 깊은 관계를 맺기 원하시는
주님과 날마다 대화하십시오.

갈라디아서 2:20
내가 그리스도와 함께 십자가에 못 박혔나니 그런즉 이제는 내가 사는 것이 아니요 오직 내 안에 그리스도께서 사시는 것이라

08.19

August

하나님의 사랑의 눈은
군중 속의 한 사람 한 사람에게
초점이 맞춰져 있습니다.

역대하 16:9

여호와의 눈은 온 땅을 두루 감찰하사 전심으로 자기에게 향하는 자들을 위하여 능력을 베푸시나니

이르시기를 너희는 가만히 있어
내가 하나님 됨을 알지어다
내가 뭇나라 중에서 높임을 받으리라
내가 세계 중에서 높임을 받으리라 하시도다

시편 46:10

MEMO

08.18
August

만일 우리가 성령으로 살면
또한 성령으로 행할지니

갈라디아서 5:25

MEMO

05.13
May

하나님과 인격적인 관계를
맺고 있는지 돌아보고,
주님과의 만남을 간구하십시오.

빌립보서 1:27

오직 너희는 그리스도의 복음에 합당하게 생활하라

08.17
August

인격적인 하나님을 아직 만나지 못했다고
아무에게 말하지 못했어도
두려워하지 마십시오.

로마서 5:8
우리가 아직 죄인 되었을 때에 그리스도께서 우리를 위하여 죽으심으로
하나님께서 우리에 대한 자기의 사랑을 확증하셨느니라

05.14

May

다른 이로써는 구원을 받을 수 없나니
천하 사람중에 구원을 받을만한
다른 이름을 우리에게 주신 일이 없음이라

사도행전 4:12

MEMO

08.16
August

이는 하늘이 땅보다 높음같이
내 길은 너희의 길보다 높으며
내 생각은 너희의 생각보다 높음이니라

이사야 55:9

MEMO

05.15

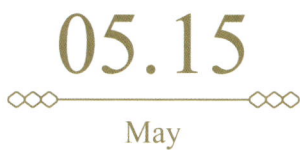

May

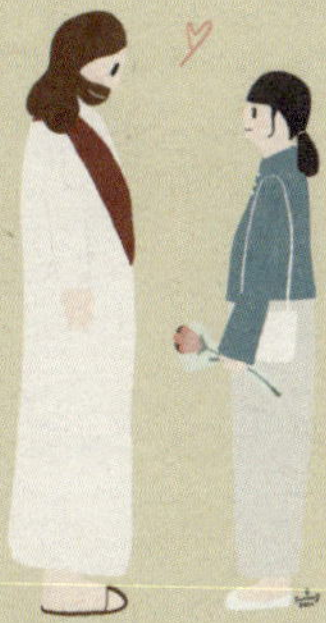

하나님을 진정 사랑하십시오.
조건없이 우리를 사랑해주시는
그분 자체를 사랑해야 합니다.

시편 13:5

나는 오직 주의 사랑을 의지하였사오니 나의 마음은 주의 구원을 기뻐하리이다

08.15
August

필요에 따라서만 하나님을 찾지 말고
삶의 모든 순간에 그분을 찾으십시오.

에베소서 3:19
그 너비와 길이와 높이와 깊이가 어떠함을 깨달아 하나님의 모든 충만하신 것으로 너희에게 충만하게 하시기를 구하노라

05.16
May

너희 염려를 다 주께 맡기라
이는 그가 너희를 돌보심이라

베드로전서 5:7

MEMO

주의 목전에는 천년이 지나간 어제 같으며
밤의 한순간 같을 뿐임이니이다

시편 90:4

MEMO

05.17
May

요한복음 13:1

유월절 전에 예수께서 자기가 세상을 떠나 아버지께로 돌아가실 때가 이른 줄 아시고 세상에 있는 자기 사람들을 사랑하시되 끝까지 사랑하시니라

08.13
August

오늘, 하나님을 사랑하고
그 사랑을 베푸는 일에 마음을 쏟으십시오.
하나님을 더 사랑하길 원하는 자녀에게
더 많은 은혜와 사랑을 부어주실 것입니다.

베드로전서 3:12

주의 눈은 의인을 향하시고 그의 귀는 의인의 간구에 기울이시되 주의 얼굴은 악행하는 자들을 대하시느니라 하였느니라

05.18
May

너희에게 인내가 필요함은
너희가 하나님의 뜻을 행한 후에
약속하신것을 받기 위함이라

히브리서 10:36

MEMO

08.12

August

옛적에 여호와께서 나에게 나타나사
내가 영원한 사랑으로 너를 사랑하기에
인자함으로 너를 이끌었다 하였노라

예레미야 31:3

MEMO

05.19
May

이사야 38:5

하나님 여호와께서 이같이 말씀하시기를 내가 네 기도를 들었고 네 눈물을 보았노라 내가 네 수한에 십오 년을 더하고

08.11
August

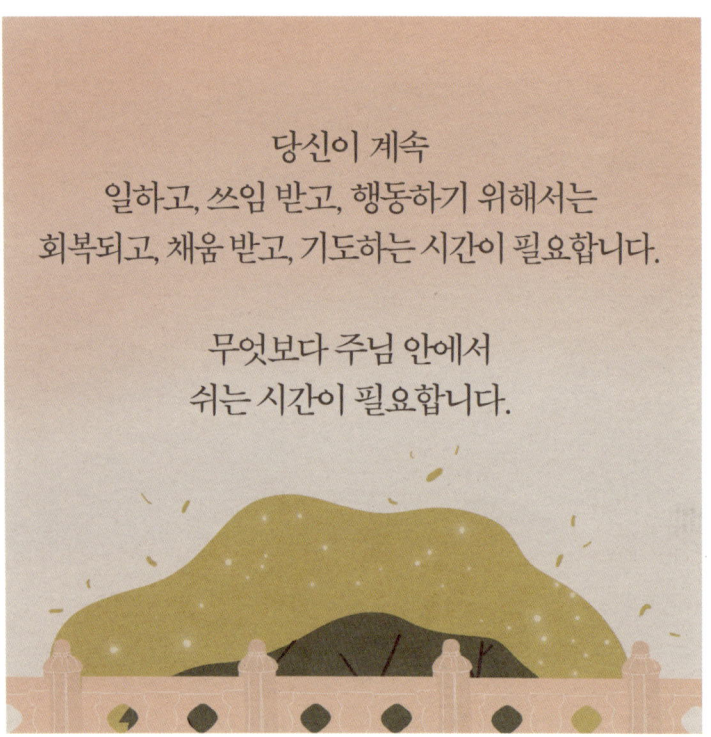

당신이 계속
일하고, 쓰임 받고, 행동하기 위해서는
회복되고, 채움 받고, 기도하는 시간이 필요합니다.

무엇보다 주님 안에서
쉬는 시간이 필요합니다.

출애굽기 33:14
여호와께서 이르시되 내가 친히 가리라 내가 너를 쉬게 하리라

05.20
May

삼가 누가 누구에게든지
악으로 악을 갚지 말게 하고
서로 대하든지 모든 사람을 대하든지
항상 선을 따르라

데살로니가전서 5:15

MEMO

08.10

August

하나님 앞에서는 율법을 듣는 자가
의인이 아니요
오직 율법을 행하는 자라야
의롭다 하심을 얻으리니

로마서 2:13

MEMO

05.21
May

해야 할 일에 압도되어
하나님께 초점을 두지 못하고 있다면
그분께로 나아와 위로를 받으십시오.

그분이 당신을 위로하고
쉬게 하실 것입니다.

시편 121:3

여호와께서 너를 실족하지 아니하게 하시며 너를 지키시는 이가 졸지 아니하시리로다

08.09
August

말씀을 읽고 기도하는 일은
잠들기 전이나 내일의 시간 속에 계획하는 게 아니라
지금, 이 자리에서 시작해야 합니다.

에베소서 6:18
모든 기도와 간구를 하되 항상 성령 안에서 기도하고 이를 위하여 깨어 구하기를 항상 힘쓰며 여러 성도를 위하여 구하라

05.22
May

그러므로 이제 그리스도 예수
안에 있는 자에게는
결코 정죄함이 없나니

로마서 8:1

MEMO

08.08
August

각각 그 마음에 정한대로 할 것이요
인색함으로나 억지로 하지 말지니
하나님은 즐겨내는 자를 사랑하시느니라

고린도후서 9:7

MEMO

05.23
May

고린도전서 2:9
기록된 바 하나님이 자기를 사랑하는 자들을 위하여 예비하신 모든 것은 눈으로
보지 못하고 귀로 듣지 못하고 사람의 마음으로 생각하지도 못하였다 함과 같으니라

08.07
August

삶이 너무 치열하고 분주하다고
우리를 사랑으로 기다리시는
하나님의 사랑을 외면하지 마십시오.

그분과 함께하는 시간을 미루지 마십시오.

요한계시록 2:4
그러나 너를 책망할 것이 있나니 너의 처음 사랑을 버렸느니라

05.24
May

또 무엇을 하든지 말에나 일에나
다 주 예수의 이름으로 하고
그를 힘입어 하나님 아버지께 감사하라

골로새서 3:17

MEMO

08.06
August

도가니는 은을, 풀무는 금을 연단하거니와
여호와는 마음을 연단하시느니라

잠언 17:3

MEMO

05.25
May

하나님 말씀이 시큰둥하게 들리고,
주님의 은혜가 느껴지지 않고,
주님이 아닌 내 욕구가 앞선다면

하나님이 내 안에 좌정하신 곳이 어디인지
돌아보십시오.

시편 63:1
하나님이여 주는 나의 하나님이시라 내가 간절히 주를 찾되 물이 없어 마르고
황폐한 땅에서 내 영혼이 주를 갈망하며 내 육체가 주를 앙모하나이다

08.05

August

사랑한다 고백하면서 미루지 마십시오.
사랑하는 주님이 우선인 삶을 사십시오.

시편 42:8
낮에는 여호와께서 그의 인자하심을 베푸시고 밤에는 그의 찬송이 내게 있어 생명의 하나님께 기도하리로다

05.26
May

또 너희에게 명한 것같이
조용히 자기 일을 하고
너희 손으로 일하기를 힘쓰라

데살로니가전서 4:11

MEMO

08.04
August

시와 찬송과 신령한 노래들로
서로 화답하며
너희의 마음으로
주께 노래하며 찬송하며

에베소서 5:19

MEMO

05.27

May

주님이 없이는 우리의 삶도 없음을,
주님만이 삶의 전부 되심을 인정하며
교제의 자리로 나아가십시오.

누가복음 15:20
이에 일어나서 아버지께로 돌아가니라 아직도 거리가 먼데 아버지가 그를 보고
측은히 여겨 달려가 목을 안고 입을 맞추니

08.03
August

사랑은 무례히 행치 않는다고 했습니다.
작은 일에도 불같은 화를 멈추지 못한다면
내면의 사랑을 점검해야 합니다.

빌립보서 2:3
아무 일에든지 다툼이나 허영으로 하지 말고 오직 겸손한 마음으로
각각 자기보다 남을 낫게 여기고

05.28
May

군대가 나를 대적하여 진 칠지라도
내 마음이 두렵지 아니하며
전쟁이 일어나 나를 치려 할지라도
나는 여전히 태연하리로다

시편 27:3

MEMO

August

하나님은 한 분이시오
또 하나님과 사람 사이에
중보자도 한 분이시니
곧 사람이신 그리스도 예수라

디모데전서 2:5

MEMO

05.29
May

에베소서 4:2
모든 겸손과 온유로 하고 오래 참음으로 사랑 가운데서 서로 용납하고

08.01
August

> 사랑받기 위해 태어난 자신을 귀히 여기고
> 오늘, 하나님의 사랑 앞에 더욱 깊이 잠기는
> 시간을 가져보세요.

다니엘 10:19

이르되 큰 은총을 받은 사람이여 두려워하지 말라 평안하라 강건하라 강건하라 그가 이같이 내게 말하매 내가 곧 힘이 나서 이르되 내 주께서 나를 강건하게 하셨사오니 말씀하옵소서

05.30
May

자녀들아 모든 일에
부모에게 순종하라
이는 주 안에서 기쁘게 하는 것이니라

골로새서 3:20

MEMO

햇살콩 말씀 365

"너와 함께하는 하루하루가 기쁨이란다!"

8

August

05.31
May

> 우리 삶에 주어진 모든 것은
> 우리가 성취한 것들이 아닌,
> 하나님이 주신 선물입니다.

요한일서 2:16

이는 세상에 있는 모든 것이 육신의 정욕과 안목의 정욕과 이생의 자랑이니 다 아버지께로부터 온 것이 아니요 세상으로부터 온 것이라

07.31
July

이러므로 우리에게 구름같이 둘러싼
허다한 증인들이 있으니
모든 무거운것과 얽매이기 쉬운
죄를 벗어 버리고
인내로써 우리 앞에 당한 경주를 하며

히브리서 12:1

MEMO

햇살콩 말씀 365

"너와 함께하는 하루하루가 기쁨이란다!"

6

June

07.30

July

하나님은 우리에게 주어진 것들을
이웃과 나누며
하나님나라를 확장해가길 원하십니다.

데살로니가전서 5:14

또 형제들아 너희를 권면하노니 게으른 자들을 권계하며 마음이 약한 자들을 격려하고 힘이 없는 자들을 붙들어주며 모든 사람에게 오래 참으라

June

여호와여 내가 주께서 계신 집과
주의 영광이 머무는 곳을 사랑하오니

시편 26:8

MEMO

July

하나님께 가까이함이 내게 복이라
내가 주 여호와를 나의 피난처로 삼아
주의 모든 행적을 전파하리이다

시편 73:28

MEMO

06.02
June

마태복음 7:12
그러므로 무엇이든지 남에게 대접을 받고자 하는 대로 너희도 남을 대접하라 이것이 율법이요 선지자니라

07.28
July

우리의 보물을 이 땅이 아닌
하늘에 쌓아두십시오.
이웃을 위해 나눔을 행할 때
은밀한 중에 채워주시는
주님을 기뻐하십시오.

야고보서 1:5
너희 중에 누구든지 지혜가 부족하거든 모든 사람에게 후히 주시고 꾸짖지
아니하시는 하나님께 구하라 그리하면 주시리라

June

내 계명은 곧 내가 너희를
사랑한 것같이
너희도 서로 사랑하라 하는
이것이니라

요한복음 15:12

MEMO

07.27

July

여호와를 경외하는 것이
지혜의 근본이요
거룩하신 자를 아는 것이 명철이니라

잠언 9:10

MEMO

06.04
June

야고보서 3:13
너희 중에 지혜와 총명이 있는 자가 누구냐 그는 선행으로 말미암아 지혜의 온유함으로 그 행함을 보일지니라

07.26
July

주님께서 당신의 나눔을 통해
이 땅 가운데
작은 천국을 이루실 것입니다.

고린도전서 10:24
누구든지 자기의 유익을 구하지 말고 남의 유익을 구하라

06.05

June

나의 대적이여 나로 말미암아 기뻐하지 말지어다
나는 엎드러질지라도 일어날것이요
어두운데에 앉을지라도
여호와께서 나의 빛이 되실것임이로다

미가 7:8

MEMO

07.25

July

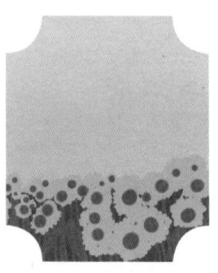

욕심이 많은 자는 다툼을 일으키나
여호와를 의지하는 자는 풍족하게 되느니라

잠언 28:25

MEMO

06.06

June

하나님은 사랑하실 때 계산하지 않으십니다.
손해를 입든, 이익을 얻든
그분께 중요하지 않습니다.

요한계시록 22:12,13
보라 내가 속히 오리니 내가 줄 상이 내게 있어 각 사람에게 그가 행한 대로
갚아주리라 나는 알파와 오메가요 처음과 마지막이요 시작과 마침이라

07.24
July

하나님은 그분의 기준에
우리를 맞추려 강요하지 않으십니다.

지금 모습 그대로
주님을 사랑하는 마음 하나만으로
충분하다 말씀하십니다.

잠언 29:25
사람을 두려워하면 올무에 걸리게 되거니와 여호와를 의지하는 자는 안전하리라

06.07

June

그의 거룩한 이름을 자랑하라
여호와를 구하는 자들은 마음이 즐거울지로다

시편 105:3

MEMO

July

내가 너와 함께있어 네가 어디로 가든지
너를 지키며 너를 이끌어 이땅으로 돌아오게 할지라
내가 네게 허락한것을 다 이루기까지
너를 떠나지 아니하리라 하신지라

창세기 28:15

MEMO

06.08

June

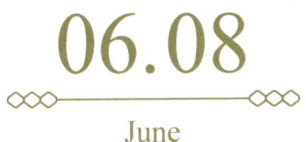

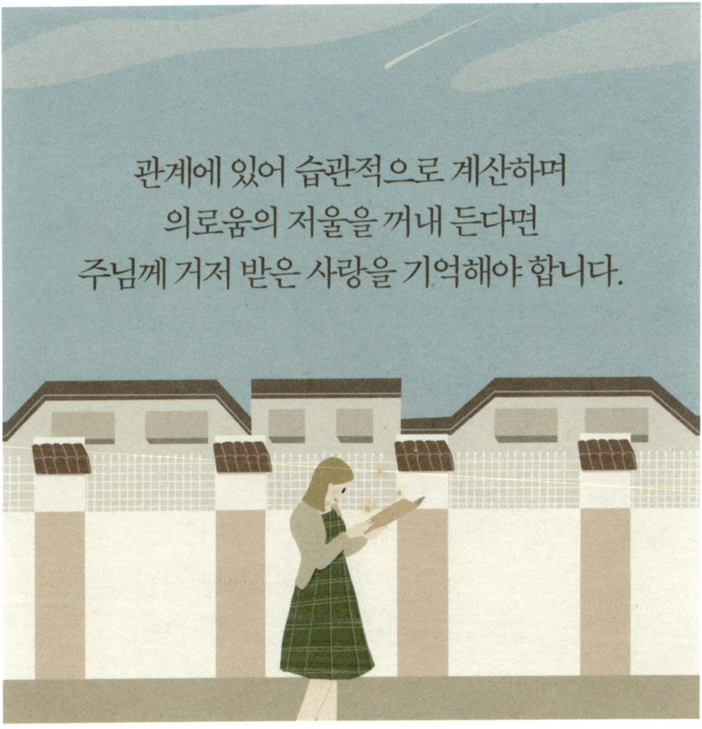

관계에 있어 습관적으로 계산하며
의로움의 저울을 꺼내 든다면
주님께 거저 받은 사랑을 기억해야 합니다.

마가복음 11:25

서서 기도할 때에 아무에게나 혐의가 있거든 용서하라 그리하여야 하늘에 계신 너희 아버지께서도 너희 허물을 사하여 주시리라 하시니라

July

내가 행한 의를 보상받기 위해
하나님께 매달리기보다
하나님이 아낌없이 부어주시는 사랑을
누리기 위해 마음을 쏟으십시오.

역대하 7:14
내 이름으로 일컫는 내 백성이 그들의 악한 길에서 떠나 스스로 낮추고 기도하여
내 얼굴을 찾으면 내가 하늘에서 듣고 그들의 죄를 사하고 그들의 땅을 고칠지라

06.09
June

그런즉 너희가 먹든지 마시든지
무엇을 하든지
다 하나님의 영광을 위하여 하라

고린도전서 10:31

MEMO

07.21

July

여호와여 내가 고통중에 있사오니
내게 은혜를 베푸소서
내가 근심 때문에 눈과 영혼과 몸이
쇠하였나이다

시편 31:9

MEMO

06.10
June

주님은
우리의 어떤 죄든 용서하기 원하시며,
우리와 더 가까워지기를 원하십니다.
그리고 변함없는 약속으로 우리를 사랑하십니다.

이사야 43:18
너희는 이전 일을 기억하지 말며 옛날 일을 생각하지 말라

07.20
July

주님은
우리의 연약함을 비웃고,
초라함을 외면하시는 분이 아닙니다.
아프고 외면당하고 버림받은 자들의
아버지이십니다.

요한일서 3:20
이는 우리 마음이 혹 우리를 책망할 일이 있어도 하나님은 우리 마음보다 크시고 모든 것을 아시기 때문이라

June

즐거워하는 자들과
함께 즐거워하고
우는 자들과 함께 울라

로마서 12:15

MEMO

07.19

July

그러나 내게는 우리 주 예수 그리스도의 십자가 외에
결코 자랑할 것이 없으니
그리스도로 말미암아 세상이 나를 대하여
십자가에 못 박히고
내가 또한 세상을 대하여 그러하니라

갈라디아서 6:14

MEMO

06.12

June

주님의 사랑을 두려워 말고,
주님으로부터 벗어난 삶을 놓지 못할까
두려워하십시오.

요한복음 15:4

내 안에 거하라 나도 너희 안에 거하리라 가지가 포도나무에 붙어있지 아니하면 스스로 열매를 맺을 수 없음같이 너희도 내 안에 있지 아니하면 그러하리라

07.18

July

우리가 두려워해야 할 것은
주님과의 관계가 깨어지는 것,
사랑의 하나님을 두려움의 대상으로 바라보는
변질된 시선을 갖는 것입니다.

고린도후서 4:4
그 중에 이 세상의 신이 믿지 아니하는 자들의 마음을 혼미하게 하여 그리스도의 영광의 복음의 광채가 비치지 못하게 함이니 그리스도는 하나님의 형상이니라

06.13
June

좁은 문으로 들어가라
멸망으로 인도하는 문은 크고 그 길이 넓어
그리로 들어가는 자가 많고

마태복음 7:13

MEMO

07.17

July

나의 반석이시요 나의 구속자이신 여호와여
내 입의 말과 마음의 묵상이
주님 앞에 열납되기를 원하나이다

시편 19:14

MEMO

06.14

June

죄악 속에 숨지 말고
용서의 하나님이신 그분께 나아오십시오.

그분 안에서 진정한 회복과 자유함을 누리십시오.

시편 139:1,2

여호와여 주께서 나를 살펴보셨으므로 나를 아시나이다
주께서 내가 앉고 일어섬을 아시고 멀리서도 나의 생각을 밝히 아시오며

07.16
July

우리의 입술이 하나님을 찬양하다가
누군가를 향해 저주하지 않도록 조심하십시오.

에베소서 4:29
무릇 더러운 말은 너희 입 밖에도 내지 말고 오직 덕을 세우는 데 소용되는 대로 선한 말을 하여 듣는 자들에게 은혜를 끼치게 하라

06.15

June

지극히 작은것에 충성된 자는
큰 것에도 충성되고
지극히 작은것에 불의한 자는
큰 것에도 불의하니라

누가복음 16:10

MEMO

07.15

July

주 앞에서 낮추라
그리하면 주께서 너희를 높이시리라

야고보서 4:10

MEMO

06.16
June

입술의 한마디가
한 영혼을 살릴 수도 죽일 수도 있는
큰 권세임을 깨닫기 바랍니다.

야고보서 1:19
내 사랑하는 형제들아 너희가 알지니 사람마다 듣기는 속히 하고 말하기는
더디 하며 성내기도 더디 하라

07.14
July

하나님의 사랑을 충분히 누리지 못하면
내 자신을 사랑하기가 힘들어지고,

내 자신을 사랑하지 못하면
이웃 또한 사랑할 수 없습니다.

요한복음 17:26
내가 아버지의 이름을 그들에게 알게 하였고 또 알게 하리니 이는 나를 사랑하신 사랑이 그들 안에 있고 나도 그들 안에 있게 하려 함이니이다

06.17

June

그리하면 모든 지각에 뛰어난
하나님의 평강이
그리스도 예수 안에서
너희 마음과 생각을 지키시리라

빌립보서 4:7

MEMO

07.13
July

나를 보내신 이가 나와 함께 하시도다
나는 항상 그가 기뻐하시는 일을 행하므로
나를 혼자 두지 아니하셨느니라

요한복음 8:29

MEMO

06.18
June

주님은
그분이 창조하신 모든 만물보다
당신을 귀히 여기신다 말씀하십니다.

요한복음 10:11
나는 선한 목자라 선한 목자는 양들을 위하여 목숨을 버리거니와

07.12
July

아가 2:10
나의 사랑하는 자가 내게 말하여 이르기를 나의 사랑, 내 어여쁜 자야 일어나서 함께 가자

06.19
June

하나님께서 지으신 모든것이 선하매
감사함으로 받으면 버릴것이 없나니

디모데전서 4:4

MEMO

07.11

July

여호와여 내가 알거니와
사람의 길이 자신에게 있지 아니하니
걸음을 지도함이 걷는 자에게
있지 아니하니이다

예레미야 10:23

MEMO

06.20
June

고린도후서 6:18
너희에게 아버지가 되고 너희는 내게 자녀가 되리라 전능하신 주의 말씀이니라 하셨느니라

07.10
July

당신의 삶을 좀먹는
과거의 기억을 털어내 버리십시오.

하나님은 당신이 기쁨 가운데 주님을 찬양하며
주어진 관계를 소중히 여기길 바라십니다.

시편 107:1
여호와께 감사하라 그는 선하시며 그 인자하심이 영원함이로다

06.21
June

사람이 성내는것이
하나님의 의를 이루지 못함이라

야고보서 1:20

MEMO

07.09

July

모든 성경은 하나님의 감동으로 된것으로
교훈과 책망과 바르게 함과
의로 교육하기에 유익하니

디모데후서 3:16

MEMO

06.22
June

반복되는 부정적인 상황 속에서
무기력이 당신을 잠식하도록
자신을 포기하지 마십시오.

요엘 2:12

여호와의 말씀에 너희는 이제라도 금식하고 울며 애통하고 마음을 다하여 내게로 돌아오라 하셨나니

07.08
July

시편 27:4
내가 여호와께 바라는 한 가지 일 그것을 구하리니 곧 내가 내 평생에 여호와의 집에 살면서 여호와의 아름다움을 바라보며 그의 성전에서 사모하는 그것이라

06.23

June

십자가의 도가
멸망하는 자들에게는 미련한 것이요
구원을 받는 우리에게는 하나님의 능력이라

고린도전서 1:18

MEMO

07.07
July

그러므로 깨어 있으라
집 주인이 언제 올는지
혹 저물 때일는지, 밤중일는지, 닭 울 때일는지,
새벽일는지 너희가 알지 못함이라

마가복음 13:35

MEMO

06.24
June

어둠에 길들여지기보다는
하나님이 비춰주시는 밝은 빛으로
어둠을 쫓아내십시오.

예레미야 29:11
여호와의 말씀이니라 너희를 향한 나의 생각을 내가 아나니 평안이요 재앙이 아니니라 너희에게 미래와 희망을 주는 것이니라

07.06
July

주님이 우리에게 원하시는 건
거창하거나 화려하지 않습니다.

내가 가진 모든 걸 내려놓고
주님을 따르는 것만을 바라십니다.

요한복음 5:24
내가 진실로 진실로 너희에게 이르노니 내 말을 듣고 또 나 보내신 이를 믿는 자는 영생을 얻었고 심판에 이르지 아니하나니 사망에서 생명으로 옮겼느니라

06.25

June

근심하는 자 같으나 항상 기뻐하고
가난한 자 같으나 많은 사람을 부요하게 하고
아무것도 없는 자 같으나 모든 것을 가진 자로다

고린도후서 6:10

MEMO

07.05
July

예수를 너희가 보지 못하였으나 사랑하는도다
이제도 보지 못하나 믿고
말할 수 없는 영광스러운 즐거움으로
기뻐하니

베드로전서 1:8

MEMO

06.26
June

세상은 당신이 굳건한 믿음을 갖지 못하도록
부단히 애쓸 것입니다.

하지만 작은 속임수에 넘어가지 않도록
말씀으로 무장하고,
주님 음성에 귀 기울이십시오.

고린도전서 15:58
그러므로 내 사랑하는 형제들아 견실하며 흔들리지 말고 항상 주의 일에 더욱 힘쓰는 자들이 되라 이는 너희 수고가 주 안에서 헛되지 않은 줄 앎이라

07.04

July

흔들리지 마십시오.
거센 풍랑 속에서도 당신을 굳게 잡아주시는
주님 품에 꼭 붙들려 계십시오.

야고보서 1:3,4
이는 너희 믿음의 시련이 인내를 만들어내는 줄 너희가 앎이라
인내를 온전히 이루라 이는 너희로 온전하고 구비하여 조금도 부족함이 없게 하려 함이라

06.27
June

하나님이여 주의 생각이
내게 어찌 그리 보배로우신지요
그 수가 어찌 그리 많은지요

시편 139:17

MEMO

07.03
July

그러므로 우리가 여호와를 알자
힘써 여호와를 알자
그의 나타나심은
새벽 빛같이 어김없나니
비와 같이, 땅을 적시는 늦은 비와 같이
우리에게 임하시리라 하니라

호세아 6:3

MEMO

06.28
June

실패는 부끄러운 일이 아닙니다.
그 이후가 더 중요합니다.
관계를 미루며 가볍게 여기지 말고,
다시 회복하여 소중히 여기십시오.

에베소서 2:10
우리는 그가 만드신 바라 그리스도 예수 안에서 선한 일을 위하여 지으심을 받은
자니 이 일은 하나님이 전에 예비하사 우리로 그 가운데서 행하게 하려 하심이니라

07.02

July

주님을 사랑한다 고백하면서
형제를 사랑하지 못한다면
그만큼 모순된 일도 없을 것입니다.

고린도전서 12:26,27

만일 한 지체가 고통을 받으면 모든 지체가 함께 고통을 받고 한 지체가 영광을 얻으면 모든 지체가 함께 즐거워하느니라
너희는 그리스도의 몸이요 지체의 각 부분이라

06.29
June

우리가 무슨 일이든지
우리에게서 난 것 같이
스스로 만족할 것이 아니니
우리의 만족은
오직 하나님으로부터 나느니라

고린도후서 3:5

MEMO

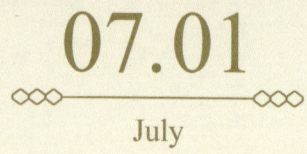

July

사람의 길은
여호와로 말미암나니
사람이 어찌
자기의 길을 알수있으랴

잠언 20:24

MEMO

06.30
June

시편 121:5
여호와는 너를 지키시는 이시라 여호와께서 네 오른쪽에서 네 그늘이 되시나니

햇살콩 말씀 365

"너와 함께하는 하루하루가 기쁨이란다!"

July

하나님의 때
햇살콩 지음

하나님의 완벽한 때를 기다리는
당신을 위한 묵상집

하나님의 때 묵상 노트
햇살콩 지음

성경 말씀을 묵상하고
내용을 기록할 수 있는 노트

하나님의 선물 (출간 예정)
햇살콩 지음

관계에 지쳐있는
당신을 위한 묵상집

햇살콩 김나단×김연선 dustjs3558@naver.com

풍성하신 주님의 사랑을 세상에 전하기 위해
SNS 공간에 글과 그림으로 복음의 씨앗을 심고 있다.
현재 9만 명이 넘는 독자와 소통하며
매일 하나님의 말씀을 나누고 있다.
남편 김나단은 감리교신학대학교를 졸업하고
국제복음선교회 간사로 섬기며 글을 쓰고 있다.
아내 김연선은 아세아연합신학대학교를 졸업하고
글을 쓰고 그림을 그리며 캘리그라피 강사로
활동 중이다.
저서로 《하나님의 편지》(42미디어콘텐츠),
《하나님의 때》,《하나님의 때 묵상 노트》,
《하나님의 선물》(규장)이 있다.

 sunny_bean
 sunnybeancalligraphy